Il le força à mettre le feu au Bucher.

MALÉDICTION PATERNELLE,

OU

LA PERFIDIE

D'UNE BELLE-MÈRE,

Histoire véritable des malheurs D'HURTADO ET DE MIRANDA;

Par l'Auteur d'IRMA.

TOME SECOND.

A PARIS,

Au Cabinet de Lecture, rue de la Loi, n°. 1272.

DUROSIER, Libraire, rue Baillif, n. 5.

LEROUGE, Imprimeur, cour de Roban, passage du Commerce.

1801.

HURTADO
ET
MIRANDA,
OU LA
MALÉDICTION PATERNELLE,
HISTOIRE VÉRITABLE.

Hélas ! tandis que Don Miranda faisoit tout disposer pour les feintes obsèques de sa malheureuse fille, elle étoit à l'instant de descendre au tombeau; et sans le traître Borelli c'étoit fait de ses jours. Restée dans la même place où elle avoit entendu le fatal arrêt que son père a prononcé contre elle, ses membres s'étoient roidis, ses cheveux hérissés sur son front : une sueur froide couloit sur ses joues décolorées ; sa respiration tantôt précipitée, tantôt interrompue, étoit le seul signe qu'elle n'avoit pas encore cessé de souffrir.

Borelli qui n'avoit pas perdu de vue ses infames projets, et qui ne vouloit pas perdre de moment pour les exécuter, sort du palais, quand tout enfin, excepté Miranda, se livroit au sommeil, pour savoir ce qu'étoit devenue l'infortunée Luce. Il la trouva dans une si parfaite insensibilité, qu'il croit un moment qu'elle étoit morte. Cependant, il la soulève, porte sa main sur son cœur, et y sent encore un léger battement. Alors, il la couvre d'une cape qu'il avoit apportée avec lui ; et chargeant sur ses épaules ce précieux fardeau, il arrive à une maison écartée où il obtient non sans peine qu'on lui ouvre. — Vous voyez, dit-il à une vieille femme qui y demeuroit, une malheureuse jeune personne que son époux vient de chasser de chez lui; elle est grosse, daignez en prendre soin : demain, je reviendrai, et tâchant de faire sa paix avec son mari, je l'engagerai à la reprendre. Il donna quelques piastres et se retira, non sans les plus vives inquiétudes que l'excès des maux où Luce étoit livrée, ne le privât pour jamais du bonheur auquel il osoit prétendre.

Hurtado qui ne savoit rien de ce qui se passoit, et pour qui l'absence de Luce étoit un mal insupportable, ne voyoit, comme Nudo Lara, d'autre moyen de se réunir à sa femme qu'en ayant avec Miranda une explication franche et loyale qui convaincroit son père qu'ils ne pouvoient être heureux que par son consentement à leur mariage. Mais, Lara pouvoit seul pénétrer dans le palais ; il n'avoit que peu d'instans à rester en Espagne, puisque le vaisseau qui devoit le conduire sur les bords de la Plata étoit en rade. Nudo pensa donc qu'il ne falloit pas perdre de temps pour retourner à Cordoue, et les deux amis se mirent en marche au même moment où Miranda revenoit des montagnes de la Sienna-Morana. La journée de Séville à Cordoue est assez longue, et l'on étoit dans les jours les plus courts de l'année; de sorte que quelque diligence qu'ils fissent, ils arrivèrent trop tard pour entrer dans la ville; ils furent donc forcés de passer la nuit dans un mauvais gîte à l'entrée du faubourg, où la fatigue et la parfaite tranquillité d'esprit de Lara le fit dormir profondément. Pour Hurtado, son sommeil étoit agité des songes les plus pénibles. Il voyoit Luce en proie au désespoir; il l'entendoit lui reprocher de l'avoir rendue l'objet de la haine de son père. Il se voyoit obligé de fuir avec elle dans les déserts, où ils combattoient tous les maux qui assiègent les humains. Bientôt toutes ses idées se confondoient; il lui sembloit qu'il suivoit en longs habits de deuil une pompe funèbre; il trembloit d'interroger ceux qui l'accompagnoient : tout-à-coup il voit Miranda se pencher sur le cercueil ; il ne doute plus que ce ne soit Luce qui a succombée à ses cuisans chagrins. Effrayé par ces images lugubres, il cherche à y échapper en s'arrachant des bras du sommeil ; mais bientôt ses yeux s'appesantissent encore pour lui présenter de nouveaux malheurs. Ses bras sont chargés de chaînes que partage sa malheureuse épouse ; ils marchent sur des charbons brûlans : la flamme les environne. Enfin, ne pouvant résister à ces sensations douloureuses, il sort de son lit tout épouvanté, va trouver Nudo, le supplie de prendre pitié de lui, et de hâter, en se rendant aux portes de la ville, l'instant où il pourra y entrer pour apprendre des nouvelles de sa bien-aimée que des songes effrayans lui ont présentée dans les situations les plus terribles. Lara qui est loin d'avoir aucunes foiblesses superstitieuses, plaint son ami d'ajouter à des maux réels les tristes chimères de son imagination; il lui fait remarquer qu'il n'est pas encore jour, l'engage à rester auprès de lui, et lui promet qu'aux premiers rayons de l'aurore ils sortiront pour se rendre à Cordoue.

Enfin, le jour paroît, et Nudo cède aux instances réitérées de Sébastien. Ils arrivent, et attendent qu'on ouvre; ils sont les premiers qui passent le pont-levis. L'ami d'Hurtado ne veut pas qu'il l'accompagne au palais; il croit même qu'il est utile qu'il ne paroisse pas dans la ville : ils se rendirent donc sur le rempart opposé de celui où ils étoient entrés. Là, est une chapelle abandonnée qui peut lui servir de retraite dans ce quartier isolé ; ils l'apperçoivent de loin et se hâtent d'y arriver : mais il est encore trop matin pour que Lara puisse se présenter chez le marquis ; il reste donc auprès de son ami, le console, lui fait entrevoir un doux espoir, et charme par les soins de l'amitié, les maux de l'amour.

Borelli sort presqu'au même instant du palais, et se rend à l'humble asyle que la fille du marquis de Miranda a été trop heureuse de trouver : il tremble en arrivant d'apprendre qu'elle n'est plus ; il s'arrête, il écoute, il entend sa douce voix. — Où suis-je ? qui m'a conduite ici ! où est mon père ! où est mon époux. — Ils reviendront, répondoit la vieille femme. — Non, jamais : il m'a chassé... Qu'ai-je donc fait... Je l'aimois ! est-ce donc un crime ? les nœuds les plus saints nous unissent... Mon père, moi vouloir ta mort ! ah ! tu aurois ordonné la mienne, que j'aurois présenté mon cœur à tes coups homicides, sans me plaindre, sans cesser de faire des vœux pour toi ; et tu m'a chassée, tu as... Ces mots, ces mots terribles expirent sur mes lèvres : comment les tiennes ont-elles pu les prononcer ? et je ne suis pas morte en les entendant ; mais j'ai ressenti les horreurs du trépas : qui m'en a donc retirée ? — Un cavalier superbement mis, qui vous a apporté dans ses bras, et qui vous a recommandé à mes soins ; qui m'a dit qu'il reviendroit ce matin ; qui m'a payé d'avance les soins que je prendrois de vous ;

qui

qui m'as assurée qu'il feroit votre paix, qu'il vous réuniroit à votre époux : prenez donc courage, vous êtes si jeune, si belle, il ne faut pas mourir. — Qui peut avoir eu pitié de moi ? qui a pu savoir mes malheurs ? qui a pu s'y intéresser ? ô mon Dieu ! n'exauce point les vœux terribles de mon père.... Laisse-moi le temps de me justifier ; qu'il les révoque ; que surtout ils ne s'étendent pas sur l'être infortuné que je porte dans mon sein : mais il ne l'a pas compris dans ce fatal anathème ; cette idée me console, elle me rend le courage, mon enfant ne sera pas malheureux ; il jouira de la tendresse d'un père, et moi, moi seule je souffrirai : que dis-je ! mon époux partagera mon infortune ; j'aurai attiré sur sa tête les maux qui m'accableront. Ah ! daigne, Dieu puissant, assouvir sur moi seule

Tome II. B

ces terribles vengeances. — Vous me désespérez, disoit la vieille; calmez-vous.

Stephano, pour qui les momens sont chers, entre à cet instant. Luce, dès qu'elle l'apperçoit, se soulève sur son lit qu'elle arrosoit de ses larmes. — Dieu! c'est vous qui vous amène ici? quoi! l'univers entier ne me fuie donc pas. Borrelli lui fait signe de garder le silence; puis, s'approchant d'elle. — Vos malheurs finiront, je suis certain d'obtenir votre grace. — Ciel! seroit-il possible: ah! Borreli, ne me trompez pas. — Venez, hâtez-vous de rejoindre celui qui, non-seulement vous pardonne, mais que j'espère amener à vous rendre parfaitement heureuse. — Ah! Borreli, mon cher Borreli, laissez-moi respirer; je ne suis pas morte de douleur, je pourrois mourir de l'excès de joie. La bonne vieille la partageoit ; elle avoit eu de Luce les plus tendres soins. — Vous voyez bien, ma belle dame, que vous auriez eu tort de vous obstiner à mourir. Je vous avois dit qu'un cavalier vous avoit conduite ici, et qu'i m'avoit assurée qu'il viendroit vous chercher et feroit votre paix, vous ne vouliez pas me croire : eh bien le voilà ! — Aidez-moi donc, lui dit Luce, à m'habiller, car la bonne paysanne lui avoit ôté tous ses habits, lorsqu'elle l'avoit mise dans son lit, où ses soins l'avoient rendue à la vie. Borreli sortit un instant pour lui donner le tems de paroître avec décence ; et Luce l'ayant fait appeler, il paya généreusement la paysanne, qui souhaita à Dona toutes sortes de bonheur, et la pria de revenir la voir, ce que Luce lui promit ; elle brûloit d'impatience de se trouver seule avec le traître Stephano, qu'elle regardoit comme son bienfaiteur. — Dites-moi donc comment il est possible que mon père soit tout-à-coup revenu à des sentimens plus humains avec moi, après le traitement aussi injuste que cruel dont il m'a accablée. — Vous le saurez, Dona. — Mais dès qu'il rend justice à mon cœur, comment n'est-il pas venu lui-même me chercher ! — Vous le saurez, Dona ; et il l'emmenoit toujours du côté de la porte de Madrid. — Mais il me semble, mon cher Stéphano, que nous ne prenons pas le chemin qui conduit au palais. — Celui-ci, Dona, est le plus court ; et il se hâtoit toujours d'avancer. Mais Luce, qui étoit à peine remise des maux qu'elle avoit soufferts, ne pouvoit résister à la fatigue d'une marche précipitée. — Arrêtons-nous un moment, dit-elle, il m'est impossible d'aller plus loin. Borreli qui craignoit d'être rencontré avec elle, la supplie de faire un effort pour gagner au moins la chapelle qu'elle voit de loin. — C'est tout ce que je pourrai faire ; mais pourquoi ne me permettez-vous pas de reprendre haleine, un instant, un seul instant. — Vous serez beaucoup mieux dans cet asyle, nous y arriverons dans peu de temps. — Luce réunit le peu de force qui lui reste, et demi-morte de fatigue arrive au but où Borreli vouloit la conduire, et où il lui étoit possible de faire venir des chevaux pour gagner, avec sa conquête, le royaume de Murcie, dans lequel il avoit des intelligences avec les Maures qui y étoient restés. — Ici, dit-il, vous pourrez vous reposer. Mais quels furent sa surprise et son effroi en appercevant Hurtado et avec lui un cavalier qu'il ne connoissoit pas. Luce le reconnut aussi promptement que Borrelli; et croyant que c'étoit une surprise qu'il lui avoit ménagée, elle lui adressa ces paroles en se jetant dans les bras de son mari. — O mon digne ami ! vous me rendez mon époux, ah ! s'il est vrai, aussi que mon père me pardonne, je suis trop heureuse, et ma reconnoissance pour vous n'aura de terme que ma vie. Hurtado serre Luce contre son cœur et ne sent plus les maux qu'il a soufferts. — La voilà, disoit-il à Lara; et avançant la main à Borreli. — Et vous, mon ami, comment vous exprimer tous les sentimens de mon cœur.

Stéphano, qui n'étoit nullement prévenu d'une pareille rencontre, reperdit à l'instant sa présence d'esprit accoutumée; il se voyoit enlever tous les fruits de ses abominables ruses, il voyoit qu'il alloit être découvert; car comment dire qu'il amenoit Luce à son époux ; tandis qu'il ne savoit pas seulement qu'il fut dans Cordoue; alors, sans espoir de tromper plus long-temps, il crut qu'il valoit mieux chercher à intimider Hurtado par les dangers qui l'environnoient, et défendre, s'il le falloit, en exposant sa vie, un bien qui lui avoit coûté assez cher pour ne pas s'en voir privé pour jamais. — Il n'est plus tems de dissimuler, dit-il en se refusant aux marques d'affections qu'Hurtado cherchoit à lui donner : ce n'étoit pas vous que je croyois trouver ici, ou du moins je croyois n'y trouver personne. — Quoi! ce n'étoit pas lui, s'écria doña Luce, que je suis heureuse de le rencontrer ! Ah! mon père, mon père, ton fatal anathême n'a pas encore été exaucé de Dieu : que prétendiez-vous donc, puisque vous ne me conduisiez pas chez mon père ?

Puisque vous ne saviez pas que mon époux étoit ici, pourquoi donc hâtiez-vous si vivement mes pas chancelans ? pourquoi craigniez-vous que je ne m'arretasse sur les glacis lorsque je tombois de fatigue ? — Je vais Dona répondre à toutes vos questions par un seul mot ; parce que je vous aime. — Quoi ! traître, s'écria Hurtado, vous osez en ma présence déclarer votre passion pour celle qui est à moi par les engagemens les plus sacrés. — Oui, je l'ose, et mes droits sont aussi saints que les vôtres : apprenez qu'elle a été maudite, chassée du palais de son père ; qu'elle seroit morte sans moi sur le seuil où elle étoit restée ; que c'est moi seul qui en ait eu pitié ; que je l'ai porté dans mes bras chez une pauvre femme à qui je l'ai recommandée ; que je suis venu l'y chercher ce matin, et que je ne consentirai jamais à me la voir enlever ; que personne ne peut la réclamer ; qu'elle n'existe plus dans l'ordre civil, son père, pour cacher son opprobre, l'ayant fait passer pour morte : ses obsèques se font au moment que je vous parle. Quant à vous, accusé et même convaincu d'avoir aposté des assassins pour trancher les jours du père de Lucé, il vous seroit encore plus difficile d'obtenir de la justice qu'on vous rendît une femme que vous ne pourriez réclamer au nom de la loi, puisqu'aucun acte ne prouve votre mariage. — Hurtado qui ne s'étoit contenu que pour entendre jusqu'à la fin ce que pourroit dire ce scélérat, remettant son épouse entre les mains de Lara, tire son épée. — Voilà, dit-il, la seule réponse que je doive à une pareille insolence, je devrois peut-être la plonger dans ton cœur et délivrer la terre d'un monstre tel que toi, mais je veux bien te donner le moyen de défendre ta vie. Stéphano s'étoit armé au même moment qu'il avoit vu briller le fer de son rival. Luce, tremblante pour les jours de son époux, vouloit s'échapper des bras de Nrudo de Lara pour les séparer ; mais il employa tous ses soins à la retenir, et le combat fut long et opiniâtre, car tous deux étoient d'une adresse extrême ; mais le ciel qui vouloit que Borreli reçût le châtiment de ses crimes, rendit Hurtado vainqueur : celui-ci étendit son rival à ses pieds sans avoir reçu de lui la moindre blessure. — Sortons promptement d'ici, dit Lara ; et refermant la chapelle où le corps de Stéphano resta sans vie, ils se hâtèrent de gagner, par la porte de Madrid, un bois où ils s'enfoncèrent dans l'épaisseur du taillis.

Les deux amis avoient été obligés d'y apporter la pauvre Luce, car elle ne pouvoit se soutenir. Quand ils se virent en sûreté, ils rassemblèrent tout ce qu'ils pouvoient savoir des terribles évènemens qui s'étoient succédés avec tant de rapidité depuis trois jours ; Luce et Hurtado insistoient pour que Lara, qui n'étoit pas connu dans Cordoue, et qui ne pouvoit être soupçonné d'être l'auteur de la mort de Borreli qu'on ne savoit pas même encore, retournât à la ville, qu'il allât trouver Miranda, qu'il cherchât à soulever le voile qui cachoit encore à tous les yeux les ressorts qu'on avoit fait jouer, et qu'il parvînt à le détromper. Mais celui-ci qui voyoit clairement que tout étoit l'ouvrage de la marquise et du traître Borreli, ne trouvoit aucun espoir de démasquer cette femme ; que même la mort de Stéphano, loin de servir Hurtado, rendoit encore plus impossible sa justification. Il se reprochoit d'avoir laissé son ami se livrer à toute la fureur que la vue de Borreli lui avoit inspirée, et de n'avoir pas cherché à s'en rendre maître, pour obtenir par la crainte, de ce scélérat, qu'il nommât ses complices. — Sûrement, ajouta-t-il, le témoin qui est cause de tous vos maux n'est plus dans le palais; la marquise se sera hâtée de lui faire donner sa liberté; et déjà il est peut-être aux frontières du royaume, où il ne reparoîtra jamais, ni lui, ni ses compagnons. Thérésia, comme le pense Don Miranda, se sera tuée; où trouver donc des preuves! La marquise reste seule, et n'est sûrement pas facile à intimider, sur-tout lorsqu'elle sent que personne ne peut déposer contr'elle. D'ailleurs, croyez-vous qu'une femme, que de tels crimes n'ont point épouvantée, fût arrêtée par l'idée d'en commettre de nouveaux ! Elle sauroit bien me condamner au silence, en m'immolant à sa sûreté. Ce n'est pas que je ne donnasse ma vie sans regret pour assurer le bonheur d'Hurtado et de sa compagne ; mais ma mort, qui vous retireroit le seul appui qui vous reste, ne vous seroit point utile. Je conçois le désespoir de Luce Miranda de rester sous l'anathême de son père, que rien n'est comparable à ce malheur ; mais ce n'est pas à Cordoue que vous pouvez espérer d'en être relevés. Vous m'avez dit que le marquis a pour ami le vertueux Galettas, et que sa confiance en lui est sans bornes. Il est en Amérique ; partez avec moi : trois jours suffisent pour vous mettre à couvert de la rage de votre ennemie. Allons à Cadix, où mon vaisseau est en rade. Venez sur les bords de la Plata. De-là, il nous sera facile d'écrire à Galettas qui est parfaitement connu, non-seulement des Espagnols, mais même de toutes les peuplades indiennes, dont il est regardé comme un dieu tutélaire. Je suis bien sûr qu'il viendra sur-le-champ trouver la fille de son ami. Là, nous lui raconterons, et votre faute (car on ne peut se dissimuler que vous en avez fait une très-grave en vous mariant sans l'aveu d'un père respectable), et les pièges que l'on vous a tendus pour vous y entraîner ; il saura les infâmes propositions de la marquise, et pensera sûrement comme moi, qu'elle seule a aposté des assassins pour vous charger de ce crime atroce. Soyez sûrs que Galettas ne tardera pas à revenir en Europe pour détromper son ami, et l'amener, non seulement à révoquer ce terrible arrêt, mais même à vous rappeler auprès de lui, en faisant punir l'auteur de vos maux. Voilà, mes amis, le seul parti que je crois prudent. Il ne s'agit que d'attendre ici que la nuit nous permette de regagner le gîte où nous avons laissé nos chevaux.

Hurtado ne put s'empêcher de convenir que le conseil de son ami étoit infiniment sage ; mais il ne rassuroit pas Luce frappée de terreur en pensant que son père l'avoit livrée à la vengeance céleste, et voyant un long espace de temps avant qu'il pût leur pardonner : elle étoit frappée qu'une mort cruelle et prématurée ne la laisseroit pas jouir du retour des bontés de son père. Son époux tâchoit de la rassurer. — Nous sommes coupables, j'en conviens ; mais ton père est trop équitable pour nous avoir dévoués au dernier dégré du malheur, parce que nous avons suivi le penchant de nos cœurs. Il nous a cru souillés d'un crime qui fait frémir la nature : le ciel sait que nous en sommes innocens ; il n'appesantira pas sur nous sa fureur vengeresse. — Ah ! mon ami, je veux te croire, je veux croire Lara ; mais je sens que l'arrêt est porté, et que rien n'en adoucira pour moi la sévérité ; puisse-tu n'être point enveloppé dans les maux qui m'attendent ! puisse-tu ramener un jour à mon père notre enfant qu'il n'a pas maudit, et pleurer ensemble la malheureuse Luce qui mourra de sa douleur, si les destins ne la livrent point à des tourmens plus affreux !

Hurtado qui se flattoit que le temps calmeroit ses transports, convint avec Lara des précautions qu'il faloit prendre. L'asile que la nature leur avoit offert lui paroissoit le plus assuré; mais ils n'avoient pas à manger, et Luce dans son état ne pouvoit

voit passer une journée entière sans prendre de nourriture. Nudo se chargea de ce soin, et de s'informer s'il n'y avoit pas moyen de reprendre le chemin de Séville sans traverser Cordoue. Il les laissa donc.

Pour la première fois, Luce et Hurtado n'éprouvèrent point ce délire, source du bonheur, en se trouvant seul à seul; une terreur secrette empêchoit qu'ils ne se livrassent aux doux sentimens de leur cœur. Lara revint peu de tems après, apportant du pain, du lait et des fruits. Luce ne pouvoit manger; et si ce n'eût été pour son enfant, il eût été bien difficile de l'engager à prendre soin d'une vie que la colère de son père rendoit si infortunée. Quand le soleil fut couché, Lara alla chercher les chevaux; et s'étant bien assuré du chemin pour gagner la route de Séville, il les conduisit sans crainte d'être rencontrés; car on étoit à la fin de novembre, et, à ce moment, il n'y a personne qui travaille la nuit dans les champs. Ils arrivèrent à la pointe du jour à un village un peu distant de la maison d'Hurtado; ils y passèrent la journée. Le soir, ils se remirent en marche, et arrivèrent chez Sébastien, que ses domestiques furent très-aise de revoir. Ils avoient craint que leur maître n'eût été attaqué par ces mêmes hommes qu'ils ayaient rencontrés. Avec quelle joie Luce se seroit trouvée dans cet humble asyle, si elle avoit pu se dire : Mon père m'aime encore ! Mais réfléchissant qu'elle étoit cause de tous les maux de son époux, et ne voulant pas les augmenter encore par le spectacle de sa douleur, elle prit, dès cet instant, la résolution de la renfermer dans son cœur, où, malgré tout ce que lui disoit Nudo, l'espérance ne pouvoit naître.

Hurtado prit tous les arrangemens nécessaires, avant le grand voyage qu'il se proposoit, pour assurer à l'enfant dont Luce le rendroit père, ce modeste domaine. Il récompensa ses gens, et n'emmena avec lui que le plus ancien qui l'avoit élévé, et sa fille pour servir Luce ; ils prirent, avec Lara, le chemin de Cadix, où, en arrivant, ils apprirent que les vents commençoient à fraichir, et que sous deux heures on alloit appareiller. Ils se rendirent donc à bord.

Au moment où on alloit lever l'ancre, Luce se jeta à genoux sur le pont, tendit les bras vers sa terre natale, et adressa à son père ces tendres paroles, que les vents emportèrent. — Adieu, toi que je n'ose nommer mon père, toi qui m'a rejetée de ton sein : puisse ton injustice ne jamais empoisonner tes vieux ans ! Sois heureux, et que les maux que tu as appelés sur ma tête ne troublent jamais la sérénité de tes jours, que je prie le ciel de combler de bénédictions : puissent mes frères te dédommager de l'enfant dont tu t'es privé ! puisse le mien un jour caresser tes cheveux blancs ! car pour moi, je le sens, jamais, jamais je ne te reverrai, jamais mes bras ne te presseront sur mon cœur, jamais je ne recevrai tes douces caresses. Elle resta dans la même attitude, les yeux fixés sur les côtes, tant qu'elle put les appercevoir ; mais bientôt elles disparurent à ses yeux : alors, se relevant, elle vint se jeter dans les bras de son époux, qui, la considérant dans un morne silence, n'avoit osé la distraire de ses douloureuses pensées. — Tu me reste seul, lui dit-elle, ton amour est l'unique bien que le sort ne m'a pas enlevé ; puisse-tu ne jamais changer ! puissions-nous n'être jamais séparés, et que la mort nous frappe au même instant ! Hurtado la presse contre son cœur, la console, la rassure, et tempère, par les témoignages de son attachement, la vivacité de ses regrets.

Mais tandis que le vaisseau qui porte ce couple infortuné, s'éloigne à toutes voiles des lieux qui l'ont vu naître, retournons à Cordoue pour apprendre ce qui se passe dans le palais de Miranda.

Déjà le son lugubre de l'airain avoit appris à tout Cordoue qu'une personne d'un rang distingué a terminé sa carrière, les murs du palais de Miranda sont couverts de draperies funèbres. On demande, avec inquiétude, qui de cette illustre maison a subi l'arrêt fatal ; on craint que ce ne soit le Marquis, dont la mort priveroit les infortunés d'un protecteur. Mais quand on apprend que c'est Dona Luce, toute la ville en est émue ; on ne peut concevoir que, sans que personne sût qu'elle fut malade, elle eût cessé de vivre. On la regrette ; on plaint son père, qui l'aimoit si tendrement : tous les grands de Cordoue viennent lui offrir des consolations d'usage. Mais enfermé dans le fond de son palais, abîmé dans la douleur, on ne peut parvenir jusqu'à lui ; il ne peut même supporter la présence de sa femme ; il veut être seul, et rien ne peut l'intéresser dans la nature, dès que Luce en a pu trahir les plus saints devoirs. Enfin, la marche funèbre traverse Cordoue ; elle est suivie d'une foule immense, qui adresse pour Dona Luce des vœux au père de toutes bontés : plusieurs l'invoquent, tant ils sont persuadés de sa vertu et de sa haute piété, et tous la regrettent comme la plus sensible et la meilleure des jeunes personnes de son sexe : c'est à qui rappellera sa beauté, ses graces, ses qualités aimables ; et l'on ne voit pas, sans la plus grande douleur, ensevelir avec elle, dans le tombeau de ses pères, tant de perfections. Aucun soupçon que la malheureuse Luce, bien plus infortunée que si la mort avoit tranché ses jours, vit encore, pour souffrir tous les genres de tourmens. Ceux que son père éprouve ne sont guère moins cruels ; quelquefois il se reproche sa cruauté envers elle : il oublie le crime dont on l'accuse, et rend malgré lui justice à son innocence. Dans un de ces momens, il veut revoir le scélérat dont la fausse révélation a causé tous ses malheurs, et à qui il n'a pas fait rendre la liberté. Mais la Marquise l'en détourne. — Pourquoi vouloir sans cesse rouvrir des plaies, lui dit-elle, qui ne saigneront que trop long-temps : remplissez envers ce malheureux la parole que vous lui avez donnée, puisque vous vous y croyez engagé ; faites-lui dire de quitter le royaume, et qu'on le menace, de votre part, que si on le retrouve, que vous le ferez livrer à la justice.

Miranda fait demander Borreli pour suivre les conseils de sa femme ; mais il est sorti dès l'aurore, et on ne l'a pas vu revenir, il ne s'est pas même trouvé aux obsèques de Dona Luce. Où peut-il donc être allé ! dit en elle-même Dona Miranda ; mais, pressée que le témoin s'éloigne, elle propose de faire rendre, par un autre, au meurtrier, les ordres du Marquis, et apprend enfin, avec un sensible plaisir, que son complice est en sûreté. Lorsque Borreli avoit chargé cet

cet homme de cette fatale exécution, il étoit convenu qu'au moment où il seroit libre (car il devoit se laisser arrêter, tandis que ses compagnons gagneroient le royaume de Murcie), qu'il viendroit au pavillon où Théresia lui compteroit la somme qui leur étoit promise pour prix de leur infamie ; il s'y rendit donc, et après s'y être reposé tout le jour, il en sortit pour aller rejoindre ses complices qui l'attendoient aux frontières. Ce crime ne fut pas le seul qu'ils commirent, et quelques mois après ils finirent au gibet leur détestable vie, sans cependant trahir le secret de Dona Miranda. J'ai rapporté de suite le châtiment de ces ames viles et mercenaires, pour ne pas interrompre le récit d'évènemens aussi importans, en rappelant des êtres si peu dignes de l'attention du lecteur.

Tome II. D

Mais suivons la marquise dans le dédale où ses crimes l'ont engagée ; voyons-là sans cesse tremblant qu'ils ne soient découverts, accumulant forfaits sur forfaits pour se soustraire à la justice des hommes, sans pouvoir échapper à celle de l'arbitre souverain de l'univers. Elle étoit très-inquiette de la disparution de Borreli : quelquefois elle avoit cru s'appercevoir que Luce avoit inspiré à Stéphano une passion qu'il dissimuloit. L'auroit-il enlevée ? se disoit la marquise : ne m'auroit-il fait servir que de jouet à sa passion ? et resterois-je seule en but aux craintes que mon époux n'apprenne un jour la vérité, tandis que le perfide jouiroit tranquillement du sort le plus doux ? Elle n'aime plus Borreli; mais elle craint que, touché des malheurs et des charmes de sa victime, il finît par trahir le secret de son ennemie, pour mériter de la reconnoissance de Luce quelque pitié pour lui.

Borreli ne revenoit pas ; et personne n'avoit rencontré la fille du marquis dans les rues de Cordoue. Dona Miranda étoit livrée à ces craintes, lorsque des bergers, qui étoient entrés dans la chapelle, ayant trouvé le corps de Stéphano, et reconnoissant, à ses couleurs, qu'il étoit attaché à don Miranda, le rapportèrent à son palais. Le marquis fit venir l'alcade, qui, ayant interrogé ces hommes, trouva tant de candeur dans leurs réponses, qu'il les jugea innocens. Il lui parut certain qu'ils ne pouvoient être des malfaiteurs, puisqu'ils n'avoient point volé le mort, et qu'ils le rapportoient avec la tranquillité d'une conscience sans reproche. On les laissa donc aller, après les avoir récompensés de leur peine. Jamais évènement ne causa à la marquise une joie plus sensible. Elle étoit délivrée d'un complice qui pouvoit, d'un moment à l'autre, devenir son accusateur; et sa mort servoit encore à prouver à son époux le prétendu crime de ses enfans. — C'est Hurtado, lui dit-elle, qui l'aura assassiné; il a su qu'il avoit pris, par vos ordres, des renseignemens sur sa marche; et comme il sera revenu à Cordoue, inquiet de ce qu'il n'avoit aucune nouvelle, il se sera vengé sur ce serviteur fidèle des soins qu'il s'étoit donnés pour le faire arrêter..... Vous n'avez pas voulu, seigneur, le livrer à la justice; vous voyez quels sont les effets de votre indulgence. Mais, au moins, si vous avez craint de vous compromettre, en donnant de la publicité à son premier crime, faites informer contre celui-ci; qu'on sache ce qu'est devenu Hurtado; et s'il est prouvé qu'il ait paru le jour que l'infortuné

Borreli a succombé sous ses coups, obtenez un ordre pour faire arrêter ce monstre.

Le marquis, fatigué de ne voir autour de lui que le deuil et la mort, consentit que la marquise fît faire toutes les informations qu'elle croyoit nécessaires, à condition qu'il ne s'en mêleroit pas. Aussitôt cette furie, dont rien n'assouvissoit la vengeance, fait suivre les traces d'Hurtado. Il a été vu sur la route de Séville à Cordoue, la nuit même des obsèques de Luce Miranda, il l'a passée dans les faubourgs ; il est entré dans la ville aux portes ouvrantes, mais on ne l'a pas vu ressortir. — Il y étoit donc, dit-elle, en rendant compte à son époux, le jour de la mort de Borreli : il l'a assassiné, et il se cache. Il faut savoir s'il n'est pas retourné chez lui........ — Nouvel espion qui rapporte qu'Hurtado, accompagné de Nudo-de-Lara, est revenu dans son castel avec une jeune et belle personne ; qu'ils y ont passé la nuit, et qu'ils sont partis pour le port où le vaisseau de Lara étoit en rade. Elle envoie en hâte à Cadix ; mais ses agens lui apprennent que le vaisseau étoit en pleine mer quatre heures avant qu'ils arrivassent au port ; qu'ainsi Hurtado et la jeune personne étoient hors de toutes atteintes. La Marquise réfléchit si elle engagera son mari à solliciter un ordre du ministre pour faire arrêter Hurtado à la forteresse de Riocerto : outre la difficulté de l'obtenir, et plus encore de déterminer le Marquis à le demander, elle pense qu'enfin ils ont mis entre elle et eux l'Océan, que jamais ils ne reviendront, et qu'il vaut mieux laisser assoupir cette affaire que d'y donner plus de suite. Délivrée de Borreli, elle peut, sans crainte, recueillir le fruit de ses crimes ; elle est certaine à présent que ses fils hériteront seuls de leur père, et jamais il n'y aura de réconciliation à redouter : ainsi, elle est la première à engager le Marquis à oublier des enfans dénaturés qui se sont faits justice en s'exilant de leur patrie.

Don Miranda ne pouvoit étouffer la voix de la nature qui s'élevoit malgré lui dans son cœur pour sa fille qu'il avoit si long-temps et si uniquement chérie ; il ne peut s'empêcher d'éprouver une sorte de consolation d'apprendre qu'elle étoit réunie avec son époux. Il avoit entendu parler de Nudo de Lara avec éloge, et il se flattoit qu'il les protégeroit, et que pour ne pas perdre un appui si important pour eux, ils se conduiroient au moins avec l'apparence de la vertu ; car pourroit-elle renaître dans l'ame de parricides. Quelquefois, se disoit-il, les passions sont terribles ; elles égarent les cœurs les plus purs qui s'y abandonnent : peut-être ne se sont ils portés à ce dernier excès, que par le désespoir de ne pouvoir être unis ; et maintenant que leurs desirs sont satisfaits, peut-être reprendront-ils le sentier de l'honneur. Galettas m'a peint Hurtado comme un forcené, Luce pourra l'adoucir ; et il étoit prêt à révoquer l'anathême qu'il avoit lancé contre eux. Mais se rappelant les caresses de Luce, ses pleurs au moment de son départ, il ne voyoit plus dans la conduite de sa fille que le dernier terme de la perfidie.

En se rappelant Galettas, il s'étonnoit de n'avoir pas de ses nouvelles : il lui avoit répondu à sa dernière lettre, il y avoit plus de quatre mois ; il lui avoit encore écrit plusieurs fois depuis, sans qu'il en eût reçu aucune marque de souvenir. Jamais il n'avoit été ce temps sans recevoir des lettres de cet ami si cher. — Aurois-je donc aussi à le pleurer, disoit-il à la marquise, et tous les maux se réuniront-ils sur ma tête sans que jamais je puisse trouver de consolation ! Il faut que je fasse prier Michaellos de venir me parler, que j'apprenne de lui s'il ne sait rien touchant Don Galettas. — La marquise se tut ; mais ce desir de voir Michaellos lui causa une extrême frayeur : d'autant qu'elle avoit remarqué que depuis les évènemens dont la fausse lettre étoit cause, ce moine qui n'avoit pas le cœur corrompu, et que l'appât de l'or avoit seul déterminé à cette bassesse sans en sentir toutes les conséquences, étoit déchiré de remords, et hésitoit s'il n'étoit pas obligé pour son salut éternel de tout dévoiler au marquis. En vain, elle cherchoit à étouffer les reproches que se faisoit Michaellos par l'espérance d'une place brillante et par des dons multipliés, mais il n'avoit plus d'ambition et refusoit ce qu'elle lui offroit ; elle ne doutoit donc pas que s'il parloit à son époux il ne résisteroit pas aux cris de sa conscience, et qu'alors elle seroit perdue. Suspendue au bord de l'abîme, elle ne peut éviter de s'y briser qu'en le comblant de victimes ; elle se résoud donc à perdre Michaellos. Elle n'auroit pas le temps de l'éloigner, sa mort seule peut assurer le secret dont il est dépositaire.

Dona Miranda ne balança pas : mais qui servira sa noire perfidie ? Borreli n'existe plus, les brigands qu'elle soudoyoit n'osent plus paroître dans l'Andalousie ; il ne lui reste que Thérésia qui, toujours enfermée dans le pavillon, étoit le seul être sur qui elle put compter. Elle se rend donc auprès d'elle, et voyant qu'il n'y a pas un moment à perdre, elles conviennent que la duègne écrira à Michaellos qu'il est attendu dans la maison près le palais de Miranda, où l'on a les choses les plus importantes à lui communiquer. Depuis le départ des brigands cette maison que la marquise avoit fait acheter pour eux, afin de pouvoir librement communiquer avec ces scélérats par la porte secrette, n'étoit plus habitée ; mais elle étoit dans un quartier si peuplé que Michaellos n'hésita pas de s'y rendre.

Il frappe et n'est pas peu surpris d'y trouver Thérésia qu'il croit ou morte ou ayant fui de Cordoue. — Vous me voyez, dit-elle, dans cette maison, où je me suis réfugiée au moment des terribles évènemens arrivés dans le palais de Miranda ; elle n'étoit pas habitée, et ici quoique sous les yeux du père de Luce, je me suis dérobée à sa fureur. J'en sors cependant de temps en temps pour me procurer quelques alimens que ma sœur, qui est la seule qui connoisse ma retraite, place dans l'église des Ursulines : mais je ne puis plus supporter ce genre de vie, j'aime mieux m'exposer à la mort que de le continuer plus long-temps; j'ai voulu vous consulter sur le parti que j'aurois à prendre, et je suis déterminée à suivre entièrement vos avis. — Hélas ! ma fille, reprit Michaellos, que voulez-vous que je vous dise, quand moi-même je suis sans cesse tourmenté par les remords qui me suivent !.. Je sens bien ce que nous devrions faire l'un et l'autre; mais une seule chose m'a retenu, c'est que l'aveu que la religion nous commande entraîne la perte de Dona Miranda. Cependant, dois-je laisser son époux livré à la douleur de croire sa fille coupable, supporter l'idée que son père la chassée de chez lui, pour ne pas lui dévoiler ce complot !... Prenons l'un et l'autre une courageuse résolution, allons nous jeter aux pieds de Don Miranda, implorons sa miséricorde pour nous et sa criminelle épouse : je le sens, il n'y a pas d'autre moyen de rentrer en grace avec Dieu. Thérésia comprit alors combien la marquise avoit eu raison de se méfier des résolutions de cet homme qui, touché du plus sincère repentir, desiroit de bonne foi réparer les maux qu'il avoit faits ; et redoublant de scélératesse, elle ne balança point à remplir l'affreuse mission dont elle étoit chargée. — Je sens comme vous, mon père, que c'est l'unique parti que nous puissions prendre; mais j'ai besoin des secours du ciel pour exécuter cette généreuse résolution, mettez-vous en prière, nous y passerons la nuit.... Peut-être n'avez-vous pas soupé ! — Non, je suis sorti du couvent avant l'heure du réfectoire. Je n'ai pas grand chose à vous offrir ; ma sœur m'a donné hier du chocolat, je vais en préparer pendant que vous allez commencer les litanies, ce qui ne m'empêchera pas d'y répondre.

Le pauvre moine qui étoit sans la moindre défiance se met à genoux, et ouvrant son breviaire commence les prières auxquelles l'atroce duègne semble s'unir. Bientôt elle l'engagea à les interrompre pour prendre ce funeste breuvage. Il ne s'est pas apperçu qu'elle a mêlé dans la coupe qu'elle lui destine, un poison dont il ne doit ressentir les effets que lorsqu'il sera de retour dans sa maison : après ce fatal repas, Théresia reprend avec lui le pieux exercice qu'il avoit suspendu. Comment est-il des cœurs capables d'une aussi étrange perversité ! la France n'en offre heureusement point d'exemple ; mais les parties méridionales de l'Europe n'en présentent que trop souvent. Quand cet être infernal fut persuadée que Michaellos n'auroit que le temps nécessaire pour regagner son cloître, elle l'engagea à se retirer. Je craindrois, lui dit-elle, que vous ne fussiez fatigué de veiller la nuit entière ; il me paroît que vos yeux s'appésantissent, je continuerai à prier, car je sens mes irrésolutions se calmer ; si ces saintes dispositions se soutiennent, revenez demain, et, fortifiée par votre exemple, j'irai avec vous trouver Don Miranda. — Dieu vous maintienne, ma chère fille, dans cette bonne pensée, je continuerai à m'unir à vous ; mais je me sens en effet accablé de sommeil : adieu, soyez certaine que demain je serai ici dès qu'il fera jour. — Non, tu n'y viendras pas, homme que ta foiblesse a entraîné au crime ; tu auras inutilement le desir de le réparer, et la mort que tu portes dans ton sein ne t'en laissera pas le temps.

Arrivé dans sa célule, Michaellos réunit dans une cassette ce qui restoit des dons de la Marquise, les lettres que Galettas avoit écrites au Marquis, les réponses de celui-ci qu'il avoit supprimées : il écrivit ensuite tout ce qui s'étoit passé entre lui et la Marquise, puis il rendoit compte de tout ce que lui avoit dit Théresia dans cette dernière soirée. Le progrès du poison commençant à se faire sentir, il est frappé du breuvage que cette femme lui a fait prendre ; il ajoute, à la fin de cette lettre qu'il avoit écrite comme devant la remettre à Théresia, que celle-ci l'a empoisonnée, et il entre

dans

dans tous les détails que nous avons rapportés : enfin, fatigué d'écrire, il met cette lettre dans la cassette, la ferme en y posant le sceau de l'ordre, croit écrire dessus pour remettre à Don Marquis de Miranda ; mais déjà, comme nous l'avons dit, son cerveau est troublé par le poison qui circule dans ses veines, et l'idée frappée de Galettas, il écrit le nom du missionnaire au lieu de celui du père de Luce. Tout-à-coup il éprouve des douleurs assez vives pour lui arracher des plaintes : les religieux sortoient de l'office de la nuit, ils voient de la lumière dans sa chambre, entendent ses cris douloureux ; ils entrent chez lui, ils lui trouvent la vue égarée, le teint plombé. — Qu'avez-vous, lui demandent-ils ? — Rien, je reviens de la maison voisine du palais de Miranda : j'y ai trouvé Théresia qu'on croyoit morte... Elle m'a fait prendre du chocolat ; j'ai eu envie de dormir, très-envie de dormir ; je suis rentré ; j'ai mis en ordres mes papiers ; je les ai enfermés dans cette cassette, l'adresse est dessus, qu'on n'y touche pas, qu'on la remette à celui à qui je l'adresse, si par hasard je mourois : c'est très-important, ô oui ! très-important ; mais avant je voudrois le voir : lisez le nom que j'ai écris, et allez promptement lui dire de venir, qu'il faut que je lui parle. Le prieur, qui étoit un de ceux qui étoient entrés dans la cellule, lut l'adresse, et trouvant le nom de Galettas, qu'il savoit être à Mexico, ne regarde tout ce que dit Michaellos que comme l'effet d'un violent délire.

Mais pensant qu'en effet cette cassette peut appartenir à ce respectable missionnaire, il la prend pour la porter chez lui, et recommande de donner des soins au malade : mais celui-ci répète toujours qu'il ne souffre point, et que ce que Thérésia lui a donné n'a pu lui faire de mal. Il ajouta que sur tout on n'ouvre pas la cassette; qu'on la remette bien à celui à qui je l'ai adressée.— Allez donc le chercher, il faut que je lui parle : voulant le tranquilliser, on l'assure qu'il ne va pas tarder à venir.—Ah! tant mieux : comme il sera content de savoir ce que je veux lui apprendre... Mais Dieu! je brûle.... Quoi! Thérésia : ah! c'est donc la..... Courez, ne perdez pas un instant; que je le voie.... que je lui remette cette cassette. Dieu! quels tourmens j'éprouve.... Je ne souffre plus, je vais dormir, dormir pour ne me plus me réveiller.... Je ne le verrai pas ; et ce furent ses dernières paroles. — On étoit allé chercher le prieur qui arriva comme il n'existoit plus. Il ordonna que l'on dressât un procès-verbal de tout ce qu'avoit dit cet infortuné, et dès qu'il fut écrit et que tous les moines l'eurent signé on le porta à l'inquisition. On eut les preuves les plus certaines que Michaellos étoit mort empoisonné : il avoit nommé Thérésia, mais il avoit toujours été dans un constant délire. Quelle apparence que cette femme qui étoit morte, ou qui n'avoit pas paru depuis deux mois dans Cordoue, fût dans cette maison, que l'on savoit être abandonnée. Cependant, la sainte-Hermandade y fait une descente ; on n'y trouve personne, ni aucune indice que l'on y ait passé la nuit.

La marquise qui apprend et la mort de Michaellos, et qu'il a eu le temps de nommer Thérésia, tremble d'être découverte ; mais bientôt on reste persuadé que le crime qui a terminé les jours de Michaellos n'a pas été commis, ni dans cette maison, ni par celle qui en est accusée. Quoiqu'on croie bien certainement qu'elle n'existe plus, on commence contre elle une procédure criminelle en cas qu'on la retrouve. La cassette reste dans les mains du prieur, pour être remise à don Galettas, et dona Miranda échappe encore la à vindicte publique. Mais elle n'a plus de repos, Thérésia est enfermée par elle dans le pavillon, où elle lui porte elle-même sa nourriture : celle-ci souvent n'ose toucher aux mets qu'elle lui offre, elle craint d'y trouver la mort. Elle n'ose s'échapper de sa prison, elle tremble de tomber dans les mains de la justice ; et ces deux femmes criminelles ne se voient plus que pour se reprocher leurs forfaits et pour craindre d'en recevoir l'une par l'autre la juste punition.

Le marquis, abîmée dans la douleur, recueille à peine les bruits que la mort de Michaellos fait répandre; et craignant de rencontrer, dans sa propre famille, des criminels, il écarte tous les soupçons; il n'écrit plus même à Galettas : il semble qu'il ait cessé d'exister. En vain sa femme l'accable de soins, lui amène ses fils ; il les repousse, fuit toute société; et ce palais, naguère si brillant, n'est plus, depuis que Luce en a été chassée, qu'un vaste tombeau.

Mais écartons un moment ces horribles images ; suivons nos tendres époux sur la plaine liquide. L'amour veille sur eux : il a causé leur faute et leurs tourmens; mais il leur ménage encore de beaux jours. C'est au sein de la nature, telle qu'elle sortit des mains de son auteur, qu'elle leur fera goûter les charmes de l'inncence et de la paix. Déjà le vaisseau de Nudo avoit passé le tropique ; les vents, toujours favorables, sembloient se plaire à éloigner des bords où ils avoient été si infortunés, Hurtado, et son épouse qui supportoit, sans se plaindre, les fatigues de la traversée, quoiqu'elle fût pénible dans son état; mais l'espoir de trouver une terre hospitalière, et surtout celui de rencontrer don Galettas, et d'obtenir, par son entremise, sa réconciliation avec son père, soutenoit son courage. Les tendres caresses d'Hurtado, les soins affectueux de Nudo de Lara éloignoient les tristes présages dont son esprit avoit été frappé. Elle commençoit à croire que la malédiction de son père n'auroit pas été exaucée, ou qu'au moins le ciel, qui voyoit son innocence, en suspendroit l'effet, jusqu'à ce qu'il l'eût révoqué.

Tout-à-coup l'air se charge des vapeurs les plus noires, le tonnerre roule au loin, et le sourd mugissement des vagues y répond. Le pilote fait replier les voiles, fermer les sabords, et ordonne de jeter à la mer une partie de la cargaison. Il ne dissimule point à Lara qu'il prévoit que la tempête sera terrible, et que les fonds de ces parages sont très-dangereux. Cependant, on apperçoit des îles que Nudo de Lara croit être celles que Bermudes lui a dit avoir découvertes, cette même année 1527, en revenant en Europe, mais où il n'avoit pas abordé. Elles forment un archipel, et sont voisines des Lucayes; et Lara espéroit qu'ils pourroient trouver dans ces îles, à peine connues, une baye pour se mettre à couvert de la tempête, et d'où il prendrait sa route pour Saint-Domingue, delà se rendroit à sa destination, sur les bords de la Plata. On fait les plus grands efforts pour y parvenir; mais au moment où l'on

avoit

avoit quelqu'espérance, la foudre éclate, tombe sur le grand mât qu'il brise, et entraine avec lui celui d'artimon. La mer, qui devient plus grosse d'instans en instans, ne laisse pas la possibilité de réparer le désordre des manœuvres. L'équipage n'espère plus échapper au naufrage dont il est menacé. Luce, qui se regarde comme la cause de la perte de tant de braves gens, veut se précipiter dans les flots. Son époux la retient; et au moment où il la ramène dans la chambre du conseil, le vaisseau touche et fait eau de toutes parts. On met la chaloupe à flot. Hurtado, sa compagne, suivis de leur vieux valet, de sa fille et d'une grande partie de l'équipage, y descendent. Voyant Lara, qui commandoit le vaisseau, resté presque seul sur l'avant, l'époux de Luce l'appele, le presse de les suivre; mais son devoir ne lui permet point de quitter son bord tant qu'il y reste un seul homme : cependant, il n'a plus que l'instant d'échapper à la furie des vagues qui viennent se briser contre le navire, et l'ensevelissent enfin dans l'abîme, entraînant dans sa perte celle de Lara et de ceux qui n'avoient pu encore entrer dans la chaloupe : la douleur qu'en ressentit son ami ne peut s'exprimer ; mais bientôt le danger que couroit Luce suspendit ses regrets pour un ami qui lui étoit si cher. La crainte de périr avec le vaisseau, avoit fait entrer dans l'esquif bien plus de monde qu'il n'en pouvoit porter ; les roulis étoient effrayans, et il étoit impossible de faire usage des rames. On voit de loin accourir une montagne liquide : elle menace d'engloutir ce frêle bâtiment, qui déjà s'enfonçoit sous le poids dont il étoit chargé : alors Hurtado prend sa femme entre ses bras, résolu de mourir avec elle ou de la sauver: la vague arrive, et remplissant la chaloupe, la fait chavirer. Hurtado ne perd pas l'espérance; il apperçoit une côte voisine, soutenant d'une main son épouse, et de l'autre luttant contre la violence de la mer, il aborde enfin, et s'accrochant aux mangliers qui couvroient le rocher, il sent sous ses pieds un sable assez solide pour le soutenir, son valet fidèle lui tendoit les bras; il avoit passé une corde au milieu du corps de sa fille, et se l'étant attachée à la ceinture, il nageoit avec une peine incroyable. Hurtado pose sur le rocher Luce qui respiroit à peine; et sans abandonner la plante salutaire à qui il doit la vie, il présente une main secourable aux compagnons de son infortune: le vieillard fait encore un effort, et touche enfin la main de son maître, qui saisit la sienne, et l'amène, lui et sa fille, sur le rivage. Celle-ci a perdu tout sentiment.

Cependant, le peu de terrein qui se trouve entre le rocher et la mer qu'elle peut couvrir d'un instant à l'autre, ne permet pas de s'arrêter dans un lieu si peu sûr. Ils sont épuisés de fatigue, et les deux femmes incapables de se soutenir. Hurtado les laisse un moment à la garde du vieillard, il gravit le rocher ; et quelle fut sa joie en appercevant qu'il couvre une île que la nature, belle de ses seuls attraits, sembloit avoir destinée pour servir de retraite à des amans fidèles. Transporté de son bonheur, il revient trouver ses amis. — Mon cher Alonzo, dit-il au vieillard, le ciel en me privant de mon ami, en me faisant perdre tout ce que je possédois, ne m'a point encore accablé du poids de sa colère ; il m'a conservé mon épouse, un serviteur fidèle, et sa fille et nous fait trouver un asile. Il ne faut qu'avoir le courage de porter au haut de ce rocher ces êtres qui nous sont si chers, que la frayeur et la fatigue ont privés de l'usage de leurs sens ; mais elles respirent, et nous les rappellerons facilement à la vie. Vous ne pourriez monter avec votre fille sur vos épaules, l'âge a diminué vos forces ; les miennes sont dans leur plus grande vigueur: attendez-moi ; je vais transporter Luce sur la pelouse qui tapisse le pied du rocher du côté de l'île, puis je viendrai prendre Elisa. — O mon maître, disoit le bon Alonzo, comment vous témoigner toute ma reconnoissance ? mais je pourrai peut-être vous épargner cette peine. — Non, non, je vous demande, je vous ordonne s'il le faut, de m'attendre ici ; d'ailleurs, il sera possible que quelques malheureux abordent cette côte et que vous puissiez les aider à échapper à la fureur des flots. Ah ! si Lara pouvoit être jeté sur cette plage, si je retrouvois mon ami, je ne regretterois rien. En disant cela, il charge Luce sur ses épaules ; et s'accrochant aux plantes et arbustes dont le rocher est couvert, il parvient au sommet où il avoit remarqué une pente facile qui conduisoit sur la pelouse qu'un ruisseau d'eau douce arrosoit ; il arrive près de ses bords fleuris, il y dépose l'idole de son cœur, lui donne un baiser qui la ranime, puis retourne chercher Eliza, que son père tâchoit de réchauffer : il l'apporte auprès de son épouse, et le vieillard qui le suit, en halétant, y arrive presqu'en même temps que lui. Alors ils ne s'occupent plus que de rappeler à la vie celles qui leur sont si chères ;

une seule chose les embarrassoit ; les habits de Luce et d'Elisa sont imbibés de l'eau salée qui rend leur poids presqu'insupportable, empêche que l'air circulant autour d'elles, ne les ranime ; cependant il est impossible de penser à les leur enlever, la pudeur s'oppose à ce soin qui leur seroit si salutaire ; il faut donc se déterminer à ne leur en ôter qu'une partie, et à l'aide d'un grand feu faire sécher le reste sur leurs corps glacés.

Hurtado qui ne sent point la fatigue tant que ses soins sont utiles à sa compagne, ramasse des branches, et frappant deux cailloux, il en tire ce feu, présent que la nature n'offre qu'à l'industrie de l'homme : bientôt le bois pétille, la flamme s'élève, et répandant une chaleur vivifiante, rend à Luce et à Elisa le sentiment. La première ouvre les yeux ; et voyant Hurtado, lui sourit, et semble n'avoir rien perdu, rien souffert, dès qu'elle est avec son époux. Elisa, la bonne Elisa, revoit son père et ses maîtres ; ils étoient son univers, qu'auroit-elle à regretter ? Hurtado en ramassant des branchages a trouvé des nids d'oiseaux, il leur enlève leurs œufs ; c'étoit la première fois que ces hôtes paisibles, possesseurs de cette île, avoient éprouvé ce larcin. Mais par-tout où l'homme, même le plus sensible, porte ses pas, la destruction le suit et marque la souveraineté qu'il prétend sur toute la nature.

Hurtado les a donnés à Alonzo qui les fait cuire au même brasier qui rend Luce a l'existence. Hurtado la prie d'en manger ; elle n'y consent qu'autant qu'ils seront également partagés entre eux quatre. Le vieillard qui voit que la provision n'est pas considérable, en cherche d'autres, il en trouve un plus grand nombre, il ramasse aussi des noix d'acajou, des dattes ; et fier d'avoir pourvu avec tant de magnificence au repas de ses maîtres, il leur montre de loin ses mains pleines des dons de la nature. Luce assise au près de son époux, la tête appuyée sur son épaule, prend avec délices les mêts qu'il lui offre ; elle oublie l'Espagne, les maux qu'elle y a soufferts ; et l'air embaumé de ces îles que leur pauvreté a sauvées de la rapacité des Européens, rafraîchit son sang aigri par des secousses violentes : là, elle les oublie pour un temps : heureuse si elle n'avoit pas cherché à regagner des biens perdus à jamais pour elle et dont la poursuite la conduisit à sa perte :

Quand Hurtado fut tranquille pour les jours de Luce, il crut nécessaire de s'assurer si cette île étoit complettement déserte ; et tandis que les jeunes personnes que les hasards de la mer avoient rendues égales (car qui ne possède rien n'a pas le droit de commander à son semblable), vont reprendre la partie de leurs vêtemens qui étoient complettement sèche, et ôter celle qui étoit encore restée humide sur leur corps, Hurtado engagea Alonzo à parcourir avec lui leur nouveau domaine : par-tout leurs regards sont enchantés par la beauté du paysage et par ce caractère virginal qui n'appartient qu'aux lieux où l'homme n'a point pénétré. Là, des colines d'où coulent des fontaines d'une eau pure et argentine sont couronnées par cet arbre qui tient du cèdre par la dureté de son bois et du noyer par son fruit; plus loin, le palmier contraste par le verd grisâtre de ses palmes avec le verd rembruni du Tamarisque dont le fruit donne une cire qui fut d'un grand usage à nos naufragés. Hurtado connoissoit cet arbuste qu'il avoit trouvé dans d'autres parties de l'Amérique où il avoit pénétré. Il y avoit aussi quelques erables en petite quantité; mais ce qui leur fit un sensible plaisir, ce fut la certitude qu'il n'y avoit pas d'hommes : triste et funeste caractère qui distingue notre espèce de toutes celles des autres animaux! Voit-on les habitans des forêts craindre de s'enfoncer dans l'épaisseur des bois, parce qu'ils y remarquent les traces d'autres cerfs? La chèvre timide fuie-t-elle les paturages où se trouvent d'autres chèvres ? non ; l'homme seul redoute l'homme. Ils estimèrent que l'île pouvoit avoir environ une lieue de circonférence, et qu'elle faisoit partie d'un archipel nombreux qu'on a su depuis contenir un espace de six à sept lieues. Celle où Hurtado avoit abordé étoit défendue de tous côtés par des rochers qui sembloient vouloir cacher aux yeux des mortels ce séjour délicieux que Waters, un siècle après, a célébré par ses chants harmonieux lorsqu'il s'y retira pour y attendre la fin des jours de Cromwel qui l'opprimoit. Là, il étoit libre et heureux et n'avoit rien à redouter de ce tyran libérateur, comme l'appelle Raynal. Hurtado et son épouse y trouvèrent le bonheur. Au centre de l'île il y avoit une vallée où étoit un lac d'eau douce, qui sembloit creusé par la main des hommes ; il étoit rempli de poissons qui, n'ayant jamais été effrayés, se jouoient sur la surface de l'eau ; il étoit bordé des mêmes arbres qu'ils avoient trouvés dans l'île. Hurtado pensa que ce seroit la place la plus agréable pour bâtir leurs cabanes : ils n'avoient apperçu aucunes traces d'animaux voraces, il paroissoit que les oiseaux et les poissons étoient les seuls habitans de ce séjour enchanté ; il y avoit sur-tout beaucoup de perroquets, quelques singes de la petite espèce, et des tortues. Nous ne mourrons pas de faim, dit Hurtado, sur-tout ne détruisons pas les espèces ; appliquons-nous, au contraire, à les multiplier. Ils remarquèrent une plante qui leur parut être du maïs, que la culture pouvoit rendre meilleure et plus abondante. Alonzo, qui avoit toujours cultivé le jardin de son maître auprès de Séville, voyant que celui-ci paroissoit décidé à se fixer dans cette île, lui promit d'employer tous ses soins pour y rendre sa situation commode. Très-satisfaits de leurs découvertes, ils vinrent retrouver Luce, que son mari salua reine de l'île, qu'il nomma *la Lucia* ; elle l'assura qu'elle seroit pour elle préférable à l'empire de l'univers, si elle l'y voyoit heureux et tranquille ; ils avoient rapporté deux perroquets qu'Hurtado avoit tués en leur lançant des pierres. Alonzo en fit un bouillon excellent avec de la chair de tortue, dont l'écaille lui servit de vase pour faire cuire ces mets, qu'il sala avec de l'eau de la mer. Il assura Dona Hurtado que dans quinze jours elle auroit du pain de maïs, et l'engagea, en attendant, à manger de la viande de ces oiseaux, qui est aussi bonne que celle de nos pigeons. Ce repas fini, il falloit s'assurer une retraite pour la nuit. Une grotte, qui se trouvoit dans le rocher par lequel ils étoient descendus, leur parut un abri commode ; Alonzo et son maître (car ce bon vieillard le regardoit toujours comme tel) amassèrent de la mousse et des feuillages secs, et formèrent trois lits. Luce s'endormit tranquillement dans les bras de son époux : Alonzo et sa fille, accablés de fatigue, trouvèrent aussi, chacun sur leur couche rustique, un doux repos.

Dès le lever de l'aurore, Hurtado s'occupa de la construction des cabanes; mais comment abattre des arbres sans hache, sans aucun instrument ! Voyons, mon cher Alonzo, si la tempête n'a point jeté quelques débris sur la plage, qui pourroient nous être utiles. D'ailleurs, il pensoit sans cesse à son ami Nudo; il se flattoit qu'il le trouveroit peut-être aux mêmes lieux où il avoit échappé au naufrage. Il cherche un chemin plus commode pour descendre au rivage. Alonzo qui, la veille, y avoit été puiser de l'eau pour faire cuire ses perroquets, lui montra une sinuosité entre deux rochers, où l'on passoit facilement. Luce en fut très-aise. Comme elle avançoit dans sa grossesse, elle auroit eu peine à gravir la roche. Ils firent le tour de l'ile en dehors, et n'apperçurent aucune trace de Lara; mais comme ils se retiroient pour regagner l'autre côté du rocher, ils virent sur la mer une caisse énorme que le flot apportoit sur le rivage; ils l'attirèrent avec des branches d'arbres. Quelle fut leur joie quand ils la reconnurent pour une de celles qu'on avoit jetées à la mer au moment de la tempête ; ils savoient qu'elle contenoit un assortiment complet de tous les instrumens aratoirs, et de ceux qui servent à la construction des bâtimens, et une pacotille de menues clincailleries. Quand elle fut sur le sable, la plus grande difficulté fut de l'ouvrir pour en retirer ce qu'elle contenoit; car il eût été impossible de la transporter

ter dans l'ile et d'en détacher les planches, sans le secours de ces mêmes outils qui y étoient enfermés. Hurtado trouva le seul moyen; c'étoit d'y mettre le feu. — Ce qu'elle renferme, dit-il, ne peut brûler. Dès que les flammes auront détruit une partie des planches, il nous sera facile d'en retirer les outils, et de les porter, petit à petit, dans le lieu où nous voulons établir notre habitation. On exécute sur-le-champ ce projet ; mais le bois étoit si imbibé qu'on eut toutes les peines du monde à l'embraser. Enfin, on y parvint. Hurtado et ses compagnons d'infortune eurent plus de plaisir à appercevoir des haches, des hoyaux, des scies, des marteaux, un soc de charrue, que tous les trésors du Potose. Les femmes sur-tout étoient enchantées d'avoir, pour toute leur vie, tout ce qui étoit nécessaire à leur ouvrage; et plus heureuses que Robinson, elles alloient avoir des aiguilles et des épingles. C'est ainsi que l'homme, rendu à la nature, ne connoît de valeur qu'aux choses utiles, et dédaigne les vaines productions du luxe. On éteignit le feu, mais il fallut donner au fer le temps de se refroidir ; et en attendant, Alonzo, qui étoit très-occupé pour que sa chère maîtresse ne manquât de rien, se mit à ramasser des coquillages, qu'elle mangea avec un très-grand plaisir, quand tout-à-coup Eliza fait un cri de joie. On lui en demanda la cause : — Voyez-vous, dit-elle, voyez-vous sur la cîme de ce rocher, cette chèvre ; c'est celle qui étoit dans le vaisseau, j'en suis sûre ; je la reconnois, et je parie que, si je l'appelle, elle viendra à ma rencontre. En effet, elle se lève, avance du côté où elle broutoit, appelle Blanca : l'animal vint aussitôt. C'étoit pour nos nouveaux colons une conquête bien intéressante, puisque cette bête étoit pleine. Luce la caressa ; on lui cueillit les meilleures herbes ; elle vint se coucher auprès d'Eliza, qui en avoit toujours eu soin pendant la traversée ; et on se promit bien de ne pas oublier de lui bâtir une maison presque aussi belle que celle de ses maîtres.

Les outils étant assez froids pour être transportés, on prend d'abord ceux dont on aura le plus promptement besoin ; et après avoir fait deux ou trois voyages pour les mettre à couvert dans la grotte, on laissa le reste en convenant cependant qu'on iroit tous les jours en chercher pour que l'air de la mer ne les rouillât pas, et qu'ils resteront dans la grotte jusqu'à ce qu'on eût construit un magasin pour les serrer. — Car il faut penser, disoit

Hurtado, que cette caisse est la fortune à venir de nos enfans, qui, n'ayant pas de fer dans cette île, et ne pouvant espérer aucune communication avec l'Europe, auront le plus grand intérêt de conserver avec soin ces outils pour les besoins de la colonie.

Luce voyoit avec plaisir que son époux, loin d'être affligé de se trouver ainsi séparé de l'univers, faisoit des projets pour y passer, non seulement sa vie, mais pour y établir les enfans que le ciel lui donneroit. Alonzo commence à creuser les tranchées pour établir les poteaux qui doivent servir à soutenir les murs des cases, pendant qu'Hurtado abattoit les arbres. Quand ces travaux furent en activité, Luce dit qu'il falloit que les femmes se chargeassent absolument seules des soins de préparer la nourriture que le lait de la chèvre rendoit plus agréable. On avoit trouvé aussi des pigeons ramiers que l'on avoit enlevés de leurs nids, avant qu'ils eussent des plumes ; on en éleva un assez grand nombre, et on avoit lieu d'espérer de les multiplier comme nos pigeons d'Europe. Le poisson étoit excellent et en très-grande abondance. On recueillit la graine du maïs ; on en conserva une partie pour la semer : de l'autre, que l'on broya avec un moulin qu'Hurtado avoit construit sur le modèle de ceux à bras qu'il avoit vus en Espagne, Eliza faisoit des gâteaux paîtris avec du lait de chèvre, qui remplaçoient le pain. Déjà la cabane d'Hurtado et de Luce étoit achevée ; il y avoit mis des meubles de bois d'acajou, auxquels il manquoit, il est vrai, cette perfection de fini qui rend les nôtres si recherchés ; mais ils étoient propres et commodes ; les lits consistoient en de grands coffres carrés, peu élevés de terre, qu'on remplissoit de mousse sèche sur laquelle on étendoit des nattes de jonc que tressoient Luce et Eliza. Bientôt la capitale de Lucia eut trois maisons, un magasin, une étable sur laquelle on avoit construit un colombier, un champ de maïs, et un jardin où l'on avoit réuni les plus belles fleurs de l'île, que la culture embellissoit encore. Tous les momens de la journée étoient consacrés au travail ; il n'en restoit pas pour l'ennui qui enfante ces tracasseries, ces intrigues de société. Les cœurs de cette petite colonie étoient aussi purs que l'air de cette heureuse contrée. Quelquefois Luce, voyant la paix qui régnoit dans sa retraite, se flattoit que le ciel avoit été désarmé par ce qu'elle avoit souffert et par sa résignation ; elle alloit même jusqu'à croire que peut-être son père désabusé avoit révoqué sa terrible malédiction. Alors, elle pensoit à lui avec la plus douce émotion. Elle n'auroit pas voulu quitter Lucia ; mais elle auroit desiré qu'un génie bienfaisant y eût transporté don Miranda. C'est alors que la lecture des livres arabes qui lui avoit été si funeste, donnoit, par le souvenir de leurs fictions, les idées les plus satisfaisantes à son imagination, et qu'elle les réalisoit par l'ardeur de ses vœux.

Une seule chose inquiétoit Hurtado, c'étoit l'instant de la naissance de son enfant. Elisa, jeune fille sans expérience, ne pouvoit rendre à Luce les services dont elle auroit pu avoir besoin. Lui-même n'avoit nulle idée de ce qu'il falloit faire ; il en parla à Alonzo dont l'épouse lui avoit donné beaucoup d'enfants. Le viellard lui rappela ce qu'il avoit su dans le temps de la femme qui aidoit la sienne, dans les momens où la nature fait acheter, par de vives souffrances, le bonheur d'être mère; et Hurtado se décida de les mettre en usage quand cet instant arriveroit. Les femelles des animaux, sûr cela bien plus heureuses que les femmes, n'éprouvent pas le quart des maux que cause la maternité. La chèvre avoit fait ses petits sans aucun secours; elle en avoit eu trois, un mâle et deux femelles. Cette petite famille s'élevoit à merveille, et promettoit, d'ici à peu d'années, un troupeau nombreux. En attendant, la mère partageoit son lait entre ses maîtres et ses petits. Cependant, Luce étoit arrivée au dernier terme; et des douleurs vives attestoient qu'elle ne passeroit pas le jour sans donner à Hurtado un enfant. Elle souffroit avec une patience et un courage qui en donnoit à tout ce qui l'environnoit. Aussi la nature, fidelle

delle à ceux qui suivent ses lois, se chargea seule des soins que l'art supplée si difficilement ; et au bout de deux heures de souffrance, elle fut mère d'un fils que son père reçut avec des transports de la joie la plus vive. Luce, le voyant, oublia ses douleurs, versa des larmes de tendresse ; puis, le serrant contre son sein, elle lui adressa ces paroles : — O toi que j'ai porté dans les angoisses les plus déchirantes, puisse-tu ne jamais te ressentir des maux qu'a soufferts ta mère ! Je te bénis, mon fils ; cette bénédiction ne sera pas rejetée du ciel, mon père ne t'as pas maudi. Hurtado les serra tous deux dans ses bras, supplia sa compagne d'éloigner d'elle un souvenir qui pouvoit lui être si dangereux dans sa situation.

Ce qui avoit d'abord inquiété Luce, c'étoit comment elle se procureroit le linge nécessaire pour elle et son enfant; mais ils avoient trouvé, peu de temps après leur arrivée dans l'île, l'arbuste qui porte le coton, et s'étoient sur-le-champ occupés d'en récolter une assez grande quantité pour former des feuilles à-peu-près comme ce qu'on nomme en Europe des cardes. Par la suite, Luce et Elisa le filèrent et en formèrent un tissu grossier, mais qui remplaça les habits qui, au moment du naufrage, étoient les seuls qu'ils en avoient sauvé. Elles n'avoient pu en avoir encore quand l'enfant vint au monde. Il fut donc enveloppé dans cette espèce de toison végétale. Ses parens le nommèrent Salvador, nom qu'ils regardoient comme un heureux présage. — Oui, disoit Luce, il sera notre sauveur; ce sera lui qui, par ses grâces naïves, désarmera mon père. Si un jour, il touchoit ici un vaisseau qui fît route pour Cadix, et que mon fils eût atteint l'âge de raison, je l'enverrois à mon père ; je le chargerois de lui faire lire ce mémoire que je comptois lui remettre au moment où il m'a si cruellement chassée. Il y verroit la vérité; et présenté par mon enfant, qui est aussi le sien, il se laisseroit attendrir ; il me renverroit mon fils, en le chargeant de me dire qu'il m'a pardonné : alors je serois plus heureuse dans ce désert que dans les plus superbes palais de Cordoue. Ce fut Alonzo qui le baptisa, et sa fille fut mareine. Hurtado écrivit sur une écorce d'arbre l'acte qui constatoit sa naissance, et l'enferma dans une boîte de bois de palmier. Sa mère le nourrissoit, et le voyoit croître, chaque jour, avec un plaisir qui n'est connu que de ceux à qui le ciel a accordé le bonheur d'avoir des enfans.

Dans ces climats où règne un printemps éternel, l'enfant n'éprouva aucune des douleurs que ressentent les nôtres. Le petit Salvador, presque nud, se rouloit sur un tapis de mousse, tandis que sa mère travailloit. A six mois, il commençoit déjà à se soutenir ; et à un an, il couroit après les petits chevreaux, qui se jouoient avec lui. — Ah ! disoit Hurtado à son épouse que la maternité embellissoit encore, si nous ne savions pas être heureux dans cet asyle, si notre inquiétude nous en faisoit sortir, nous mériterions d'être en butte aux maux que nous avons tant sujet de redouter, et qu'il paroît que le ciel, dans sa bonté, a commué dans ce doux exil; et Luce approuvoit ce que disoit son époux.

Le vieux Alonzo sembloit reprendre, chaque jour, de nouvelles forces, par le zèle qu'il mettoit à les servir. Il aimoit Salvador comme s'il eût été le fils de son Elisa ; et voyant croître l'enfant de ses maîtres, il se consoloit de penser que jamais il n'en auroit de sa fille. Elisa, simple, modeste, chérissoit son père, honoroit Luce et Hurtado, et menoit une vie si active, qu'elle n'avoit pas le temps de se livrer à ces réflexions, enfans de l'oisiveté; et quand le soir elle se retiroit dans sa case, un sommeil profond l'enchaînoit jusqu'au moment où son père venoit la réveiller pour recommencer ses travaux que Luce partageoit avec une activité que l'on n'auroit pas dû attendre de la fille d'un grand seigneur, nourrie dans la molesse.

La troisième année commençoit, depuis que ce couple, qui s'aimoit tous les jours davantage, vivoit dans l'entier oubli de toutes les jouissances idéales pour goûter en paix celles de la nature et de l'amour. Si Luce n'avoit pas été quelquefois retirée de ce calme heureux par le souvenir déchirant de la conduite cruelle de son père, rien n'auroit égalé sa félicité. Cependant, le temps qui use les pointes de la douleur comme il fane les roses du plaisir, avoit tempéré celle qu'elle avoit autrefois éprouvée; il ne lui restoit plus qu'une teinte mélancolique qui la rendoit plus touchante et plus belle qu'au moment où elle s'étoit donnée à son époux: ses traits s'étoient développés. Quinze ans sont l'aurore des grâces; mais, à dix-huit, elles sont dans tout leur éclat. Le travail ne les flétrissoit pas, parce que ce n'étoit que celui qui convient à un sexe foible, et dont la foiblesse ajoute à l'élégance des formes.... Toujours assise à l'ombre des cèdres et des palmiers, elle changeoit en fil la toison du cotonier ou elle en formoit ce tissu dont nous avons parlé. Dans d'autres momens, elle préparoit, avec le lait de ses chèvres, des fromages d'un goût exquis ; elle faisoit des filets pour prendre des poissons ; et quelquefois, quand le soleil s'étoit retiré, ou qu'il n'étoit pas encore sur l'horison, elle tendoit des pièges à ces timides hôtes du lac, ou bien elle alloit au bord de la mer ramasser des coquillages ; souvent elle y trouvoit des perles qu'elle mêloit avec ces grains connus de nos jours sous le nom de fruits d'Amérique ; elle en formoit des coliers, des bracelets, ou elle les mêloit aux tresses de ses beaux cheveux noirs. Ainsi, en s'occupant des soins utiles, elle ne négligeoit pas celui de la parure qui conserve aux femmes l'empire de l'amour. Ceux qu'exigeoit son enfant n'avoient rien de pénibles. A son réveil, elle le plongeoit dans l'eau du lac, que les rayons du soleil avoient déjà réchauffé ; puis elle le revêtissoit de simples tuniques, qu'Elisa avoit soin de laver chaque jour. Ainsi, la plus grande propreté préservoit cet enfant de toutes les incommodités. Il commençoit à parler ; et déjà sa mère cherchoit à rendre ses idées justes, à mesure qu'elles se développoient.

Luce n'étoit plus cette jeune fille que des lectures frivoles avoient détournée de ses devoirs, le malheur avoit mûri sa raison, elle n'avoit point de livres; mais Hurtado, infiniment plus instruit que l'on ne l'étoit dans son siècle, se plaisoit à lui faire part de ses connoissances que la vivacité de son esprit lui donnoit la facilité de s'approprier ; enfin, on pouvoit dire que semblable à l'or qui s'épure au creuset, Luce Miranda, éprouvée par l'infortune, étoit parvenue à un point de perfection infiniment rare. Aussi son époux l'idolâtroit, et près d'elle ne regrettoit rien de ce qu'il avoit perdu. Ce bonheur si pur ne pouvoit durer. Il semble que le ciel qui avoit exaucé à regret les anathêmes de don Miranda eut voulu donner au moins à sa malheureuse fille le temps de goûter les douceurs de l'hymen. Avant de la livrer au dernier dégré du malheur, il avoit voulu donner à ses facultés morales le temps de se fortifier, et qu'un châtiment qu'elle n'avoit pas mérité fut plutôt une épreuve qu'une punition, et que son ame dégagée de son enveloppe mortelle, en quittant un séjour de douleur, fut reçue dans la patrie céleste d'où elle veillera sur cet enfant dont elle a de si tendres soins. C'est peut-être aussi pour cette innocente créature qu'un père irrité n'a pas compris dans ses funestes vœux, que Luce obtint ces années de calme, si nécessaire pour qu'elle pût lui donner ce lait pur et vivifiant qu'une mère peut seule offrir à son enfant. Mais ces jours de paix sont passés, et les orages qu'une bonace ne laisse pas prévoir sont au moment d'éclater.

Salvador commençoit à essayer ses forces, et la parfaite sécurité de ses parens que rien n'avoit troublé depuis trois ans, le laissoit errer dans les bosquets qui environnoient leur habitation et dont plusieurs s'avançoient jusqu'aux pieds des rochers qui défendoient l'entrée de l'ile. Un jour qu'il s'étoit éloigné plus que de coutume, on le voit accourir en faisant les cris les plus aigus; sa mère effrayée se lève précipitamment et va à sa rencontre; elle croit qu'il s'est blessé à quelque épine ou que quelque reptile l'a mordu. L'enfant se jette dans ses bras et lui dit : — Des hommes, maman, qui ne sont pas papa, ni Alonzo, des hommes, beaucoup d'hommes ! — Des hommes ! répond Luce effrayée et qui craint que ce ne soient des sauvages venus, avec leurs pirogues, des îles voisines, interroge son fils. — Où sont-ils ? — Là bas, tout là bas auprès de la grotte. — Sont-ils habillés ? — Oui, maman; ils ont des habits comme le vieux de mon papa qu'il ne peut plus mettre. — T'ont-ils vu ? — Oh oui ! ils m'ont appelé. — As-tu entendu ce qu'ils te disoient ? — Comme je t'entends ; ils me disoient : viens, petit, n'aye pas peur. Mais moi je me suis enfui. — Dieu ! se peut-il ! ce sont donc des Espagnols ! comment ont-ils pénétré ici!.. Que veulent-ils?.. est-ce moi qu'ils cherchent ? Et elle courut rejoindre son époux et Alonzo qui labouroient de l'autre côté du lac. Cependant les hommes qui avoient fait une si grande frayeur à Salvador ayant bien pensé que cet enfant n'étoit pas seul dans l'île, et jugeant à la manière dont il étoit vêtu que ses parens étoient Européens, les cherchoient avec le desir de leur être utiles et de recevoir d'eux les secours dont ils avoient besoin. Ils arrivèrent au bord du lac et ne furent pas peu surpris de voir des cases construites avec une sorte d'élégance ; ils apperçurent Luce qui couroit avec son enfant dans ses bras et ils lui crièrent, dans la langue qu'ils craignoient qu'elle n'entendît point : ne fuyez pas, ne craignez rien, nous ne venons pas ici pour vous faire du mal. Luce à ces accens reconnoissant ses compatriotes, s'arrête, et son cœur partagé entre l'espérance et la crainte ne lui laisse ni la faculté de s'éloigner d'eux, ni celle de les joindre. Cependant, Hurtado qui avoit entendu des voix qui lui étoient inconnues avoit quitté ses travaux et s'empressoit de venir retrouver sa famille. Reconnoissant l'habit espagnol il ne put se défendre d'un mouvement de joie : quelle est l'ame sensible qui peut briser sans retour les nœuds qui l'attachent à sa patrie! En s'approchant, ce sentiment s'accrut encore, lorsqu'il reconnut en celui qui paroissoit commander cette troupe un de ses amis, et celui de Nudo de Lara, Fernandès d'Aquila. Celui-ci se remit aussitôt ses traits; et courant à l'envi dans les bras l'un de l'autre, ils se tenoient étroitement serrés, sans qu'aucune parole pût exprimer le bonheur qu'ils goûtoient à se rencontrer. Luce, Eliza et le vieux Alonzo les rejoignirent; et après le premier mouvement de surprise, ils se demandèrent en même temps quel Dieu les réunissoit, et comment ils étoient assez heureux pour se retrouver aux extrêmités de la terre. — Je viens de Cadix, dit Fernandès, et mon vaisseau ayant été extrêmement avarié dans la traversée, j'ai apperçu ces îles, et j'ai pensé que peut-être y trouverions-nous les bois dont nous avons besoin, et de l'eau dont nous commencions à manquer : mais comme le bâtiment ne pouvoit mouiller dans ces parages, je me suis décidé à le laisser en panne ; et faisant mettre la chaloupe à la mer, j'ai remis le commandement à mon capitaine en second, et je suis venu reconnoître moi-même cette île. Jugez de notre étonnement lorsqu'en y pénétrant par une sinuosité que nous avons trouvée entre les rochers, nous avons vu un enfant beau comme le jour, vêtu à l'européenne, jouant avec des chevreaux : la frayeur que nous lui avons causée l'a fait fuir, et nous avons suivi ses traces ; notre surprise a augmenté à la vue de votre habitation : voilà comme nous sommes venus dans ces lieux. Mais vous, mon ami, qui vous y a retenu, depuis si long-temps que vos amis pleurent votre mort. Lara vous a cru péri..... — Lara existeroit-il encore ! — Je l'ai laissé plein de vie et de santé lorsque j'ai quitté le fort de Riotercero, il y a environ quatre mois !—Ciel ! je reverrois un ami si fidèle...Mais non, je ne quitterai jamais cet asile où j'ai échappé aux monstres qui avoient juré ma perte et celle de ma compagne. Luce, le remercia par le plus tendre regard, d'une résolution qui étoit si bien d'accord avec son cœur. Heureux s'ils y avoient été fidèles ! mais il falloit que leurs cruels destins s'accomplissent.

Alonzo et Elisa s'étoient occupés de préparer des rafraîchissemens à leurs compatriotes; et un repas de tout ce que l'île fournissoit de plus excellent leur fut offert. Fernandès

ne pouvoit se lasser d'admirer comment, dans un lieu si sauvage, Hurtado avoit pu se procurer toutes les commodités de la vie ; et après avoir écouté, avec le plus vif intérêt, le détail de tout ce que ces colons avoient fait pour changer ainsi leur exil en une demeure délicieuse, il répondit à toutes les questions que ses hôtes s'empressoient de lui faire. Luce lui demanda si, lors de son séjour à Cadix, il avoit entendu parler de don Miranda, qu'elle avoit bien vu qu'il ne savoit pas être son père. — J'ai été à Cordoue, dit Fernandès, pendant que j'étois en Espagne, et j'ai su que ce vieillard infortuné existoit encore. Mais, depuis la mort de sa fille, il s'est entièrement retiré de la cour, et reste enfermé dans son palais, où il ne voit personne, et d'où il ne sort jamais. La douleur qu'elle lui a causée est d'autant plus grande,
qu'elle

qu'elle a été encore redoublée par celle que lui a fait éprouver la perte de ses deux fils, qui sont morts de la petite vérole peu de mois après leur sœur. La marquise en a été d'autant plus inconsolable, qu'en cherchant, par ses soins, à les sauver, elle a été attaquée de la même maladie, dont elle a échappé, mais qui lui a enlevé ces charmes dont elle étoit si orgueilleuse. Aussi, depuis cet instant, on ne la voit plus ; et elle passe sa vie à pleurer avec son époux leurs enfans et sa beauté.

Il seroit difficile d'exprimer ce que ce récit fit éprouver à Luce. Elle voyoit que le ciel avoit puni son ennemie, en la privant de tout ce qui avoit fait le charme de sa vie. Mais elle apprenoit que son père étoit malheureux ; elle auroit donné ses jours pour calmer l'amertume de celle de ce respectable vieillard. Cependant, voyant que Lara avoit religieusement gardé son secret, elle ne crut pas devoir le confier à Fernandès, et dissimula l'agitation de son cœur. Hurtado seul la pénétra; et pensant, comme sa femme, qu'il ne falloit pas instruire ce capitaine de son sort, il détourna la conversation, et parla de Nudo. — Vous ne nous avez pas encore dit de quelle manière il s'est sauvé du naufrage. — En se servant, répondit Fernandès, des débris du vaisseau. Il a abordé une autre île des Bermudes, où, dès le lendemain, il a été recueilli par un vaisseau portugais, qui le conduisit au Brésil ; il a gagné le Paraguay. Depuis son arrivée, il a toujours été en guerre avec les peuplades voisines ; mais cependant le fort est dans un état assez respectable pour ne rien redouter des sauvages qui n'osoient en approcher ; et il ajouta qu'il lui amenoit des hommes et des vivres, et qu'il ne doutoit pas que, sous fort peu de temps, cet établissement ne fût un des plus importans pour l'Espagne. Mais il vous regrette et dit toujours que si son cher Hurtado n'avoit pas péri, il seroit certain qu'il auroit eu des succès plus marqués, et que, sur-tout, il auroit su former, avec les Indiens, des alliances utiles; que, pour lui, il ne savoit que combattre. Il auroit bien voulu aussi pouvoir trouver don Galettas, qu'il croyoit à Mexico; qu'il y avoit envoyé; et que, n'en ayant point eu de nouvelles, il l'avoit prié d'aller, à son retour en Espagne, à Cordoue, s'informer, dans le couvent des Augustins, si ce missionnaire étoit repassé en Europe. Je m'y suis rendu, continua Fernandès; et c'est là que j'ai appris les détails que je vous ai donnés touchant le marquis de Miranda et de sa famille. Mais le prieur des Augustins n'a pu rien me dire de don Galettas ; il en étoit lui-même d'autant plus inquiet, qu'il y avoit trois ans, un moine de son couvent, nommé Michaellos, avoit été empoisonné, et lui avoit remis, en mourant, une cassette à l'adresse de ce missionnaire, qui contenoit, disoit-il, les choses les plus importantes. Voyant qu'il ne revenoit pas en Europe, il m'a prié de me charger de ce dépôt pour le remettre à Nudo de Lara, à qui il demande de le garder, jusqu'à ce qu'il puisse découvrir la retraite de don Galettas.

Luce et Hurtado dissimulèrent l'impression que leur causoit ce récit ; et dès qu'on fut sorti de table, tandis que Fernandès s'occupoit, avec ses gens, de faire abattre les bois nécessaires, et d'emplir des tonnes d'eau, nos époux se retirèrent seuls dans leur case ; et se regardant un moment, sans proférer une parole, ils cherchoient à lire dans leur cœur l'effet que tout ce que Fernandès leur avoit appris avoit dû y produire. Enfin, Luce se jetant dans les bras de son époux, lui dit : — Il semble, mon ami, que le ciel nous offre un moyen de rentrer en grâce avec mon père. Le laisserons-nous échapper ; et condamnerons-nous sa vieillesse aux plus cuisans regrets, quand nous pouvons lui rendre des enfans qui répareroient la perte de ses fils ? Cette cassette, remise par Michaellos, au moment où il meurt empoisonné, ne contient-elle pas des aveux qui nous justifieroient ? Vois que c'est précisément à la même époque où la marquise, dont il dirigeoit la conscience, venoit de consommer, contre nous, les crimes les plus atroces, que cette cassette est adressée à don Galettas, l'unique ami de mon père ; qu'il est possible que nous le retrouvions, et qu'alors tout soit découvert. Quand même que ce digne missionnaire auroit été victime de son zèle, nous obtiendrons de la justice qu'on ouvre ce dépôt ; et s'il est vrai, comme je n'en doute point, qu'il contienne l'explication de cette abominable intrigue, que Nudo en instruise mon père, et qu'il nous rappelle auprès de lui. — Je conçois, mon amie, répondit Hurtado, que ta tendresse pour don Miranda te fasse desirer de voir réaliser tes espérances ; mais je t'avoue que je n'en partage pas l'illusion. Cependant, je ne veux rien négliger de ce qui peut assurer ton bonheur et le sort de notre enfant que la mort de tes frères appelle à une succession très-considérable. Si je ne jugeois que d'après mes sentimens, je le croirois plus heureux dans cet asyle, que possesseur des immenses domaines de Miranda ; et si j'avois pu me flatter qu'il eût toujours ignoré qu'il y eût d'autres jouissances que celles de la nature, je ne lui aurois jamais fait connoître celles de conventions. Mais ces îles découvertes, la beauté de leurs bois infiniment propres à la construction, y attireront d'autres hommes; et peut-être l'entraîneroient-ils à quitter cet asyle. Alors, il éprouvera tous les maux de la société, sans y avoir les dédommagemens que peut offrir une grande fortune. Je crois donc, comme toi, que nous devons, pour ton père et pour mon fils, chercher à connoître la main qui nous a voulu précipiter dans l'abîme : que dis-je ! nous ne l'ignorons point : mais il ne suffit pas que nous en soyons instruits, il faut la montrer aux yeux de don Miranda ; et nous le pouvons sans danger, lorsque les mers nous séparent de cette furie. Hurtado et Luce convinrent qu'ils céderoient aux instances que Fernandès leur avoit déjà faites de s'embarquer sur son bord pour rejoindre Lara : fatale résolution qui combla la mesure des maux que ce couple infortuné avoit souuferts! Ils vont rejoindre Fernandès, qui leur demande encore, avec instances, de ne pas le laisser partir sans le suivre. — Pensez, disoit-il à Hurtado, la joie qu'aura Lara en revoyant un ami que nous avons pleuré ensemble. Pourquoi ensevelir, dans un désert, les charmes de votre épouse ? Pourquoi priver votre fils de l'espoir d'avoir jamais une femme aussi vertueuse que sa mère ? Hurtado, qui ne vouloit point laisser pénétrer l'intérêt qui lui faisoit quitter cette île enchantée, ne parut céder qu'avec peine aux prières d'Aquila,

qui

qui enfin lui arracha la promesse de faire voile avec lui pour le Paraguay. Il avoit déjà renvoyé la chalouppe pour assurer le reste de l'équipage qu'ils avoient trouvé tout ce qui leur étoit nécessaire; mais il recommanda que l'on tût la rencontre d'Hurtado et de son épouse, voulant ménager cette surprise à ses compagnons. Trois jours suffirent pour se procurer les pièces nécessaires au ravitaillement du navire. Hurtado ne voulut rien emporter de ce qu'il possédoit dans l'île, et prit seulement toutes les précautions possibles pour qu'il se conservât et pût servir à ceux que les caprices de la mer y jetteroient.

Les chèvres s'y étoient multipliées; et pouvant y trouver toute l'année des moyens d'existence, on les y abandonna. Hurtado, avant de quitter l'île, grava sur le rocher ces vers :

INSCRIPTION D'HURTADO

SUR UN ROCHER

DE L'ILE DE LA LUCIA,

Du 6 novembre 1530.

Si dans ces lieux, jetés par un naufrage,
Des passagers abordent en tremblant,
Que ces rochers, que leur aspect sauvage,
A leurs regards n'offrent rien d'effrayant.

Ils recellent, non loin de leur cime or-
    gueilleuse,
Des prés toujours fleuris, des ruisseaux
    et des bois,
Une simple cabane où Luce fut heureuse,
Que mon cœur préféroit au palais de nos
    rois.

Puissent leurs jours y couler sans alarmes!
Que mes travaux adoucissent leur sort;
Cette pensée a pour moi quelques charmes,
En m'éloignant de ce paisible bord.

Fernandès avoit fait apporter des

habits pour Hurtado et son fidèle serviteur. Luce et Elisa, vêtues de longues tuniques que leurs mains avoient filées, n'avoient pas besoin d'autres parures; elles étoient toutes deux jeunes et belles ; et quoique la beauté de la compagne d'Hurtado fût, sans comparaison, plus frappante, Elisa n'en avoit pas moins une physionomie vive et piquante, qui portoit dans les cœurs l'idée du plaisir. Fernandès avoit ordonné que la chaloupe seroit ornée de banderolles ; et ayant fait venir les musiciens qui étoient sur son vaisseau, il mena en triomphe Hurtado, sa compagne, le vieux Alonzo, la jolie Elisa et le charmant Salvador, jusqu'au bâtiment qui les salua de cinq coups de canon : dès que l'equipage apperçut les femmes, qui étoient sur l'avant de la chaloupe, ils firent des cris de joie. On s'empressa de leur aider à monter, et il n'y eut d'honneur que l'on ne rendît à Luce, et d'agacerie que l'on ne fit à Elisa, qui cependant n'étoit point fâchée de revoir d'autres hommes que son père et son maître. Salvador qui, pendant les trois jours que Fernandès avoit passés à la Lucia, s'étoit apprivoisé avec lui et ses compagnons, se laissa caresser par tout ce qui étoit dans le vaisseau, et enchantoit l'équipage par la vivacité de ses saillies et ses graces naïves. Fernandès fit voir à Hurtado cette cassette qui contenoit les preuves de son innocence, et qu'un malheur, qu'on ne peut attribuer qu'à la malédiction paternelle, avoit empêché d'être remise à celui à qui le malheureux Michaellos avoit cru l'adresser. Depuis plus de trois ans elle attendoit Galettas; on lui fait traverser la mer, et ce ne sera pas même à l'instant de l'arrivée du vaisseau qui la porte, que ce digne missionnaire pourra l'ouvrir ; ce ne sera que lorsqu'il ne pourra plus se servir de ce qu'elle renferme, pour sauver les victimes du courroux célestes...... Mais n'anticipons point sur ces douloureux évènemens, et laissons luire encore quelques beaux jours pour ce couple qui étoit si digne d'un meilleur sort. La traversée fut parfaitement heureuse, et on aborda au fort de Riotercero le 11 décembre 1530.

Nudo de Lara attendoit Fernandès avec une grande impatience, parce qu'il commençoit à manquer de vivres, et que sa garnison avoit été affoiblie par les différends combats qu'il avoit été obligé de soutenir ; mais combien elle auroit été plus vive, s'il avoit pu croire qu'il lui amenoit des amis si chers. Dès qu'on a signalé le vaisseau, Nudo se rend sur le rivage, et les passagers descendent les premiers dans la chaloupe : il croit reconnoître Hurtado et Luce, il n'ose se livrer à l'espérance de les retrouver. Cependant elle approche, il n'en peut douter ; et dès qu'elle a touché la grève, Lara s'élance, et renversant tout ce qui se trouve sur son passage, il serre Hurtado dans ses bras. — Est-ce bien toi, mon cher Sébastien, que je revois ? le ciel a donc eu pitié de mes larmes, il a conservé celle qui embellit ta vie. — Oui, lui répondit Hurtado ; c'est pour toi que nous avons quitté un séjour tranquille, où nous t'avons tant de fois appelé par nos vœux ; voilà ma Luce et l'enfant qu'elle portoit lorsque les destins nous ont séparés. — Nudo le prit dans ses bras, et lui jura de le défendre et de le protéger comme son second père : on remonta dans le fort, où Lara céda sa maison à Hurtado et à sa famille ; elle étoit bâtie sur les remparts, et un jardin assez vaste l'environnoit ; mais ces époux n'y consentirent qu'à condition qu'on l'augmenteroit assez pour que Nudo pût aussi l'habiter.

Fernandès, après avoir rendu compte à Lara de sa mission en Espagne, lui donna la cassette que le prieur des Augustins envoyoit pour être remise à Don Galettas. Nudo la reçut comme un présent du ciel, et se promit bien de renouveler ses démarches pour retrouver ce saint missionnaire, se déterminant toutefois, si au bout d'un an on ne pouvoit pas avoir de ses nouvelles, de l'ouvrir en présence de l'alcade. On transporta dans le fort les vivres que Fernandès avoit apportés ; mais ils ne furent pas d'un grand secours à la colonie, sa plus grande partie étoit avariée, et l'augmentation de la garnison rendant la consommation plus forte, on ressentit bientôt les mêmes inquiétudes qu'on avoit éprouvées avant l'arrivée du vaisseau d'Aquila, qui repartit peu de jours après. Nudo chargea ce capitaine d'une lettre pour le prieur des Augustins, qui en contenoit une autre pour Miranda, qu'il prioit instamment de remettre personnellement au marquis. Il lui faisoit le détail le plus touchant de tout ce qu'avoit souffert sa fille, qui, disoit-il, n'avoit osé lui écrire; il lui parloit d'Hurtado avec la chaleur de l'amitié, l'engageoit à s'informer, avec plus de soin, des détails de la mort de Michaellos, et l'assuroit que dès que Don Galettas auroit ouvert la cassette que cet infortuné lui avoit adressée, on y trouveroit des preuves non équivoques de l'innocence de sa fille et de son gendre : il finissoit, en lui disant que malgré le traitement cruel que Luce avoit reçu de lui, elle avoit un si profond respect pour ses volontés, que sachant qu'il l'avoit condamnée à une mort civile, elle n'avoit appris à personne, pas même à Fernandès d'Aquila, son véritable nom ; mais qu'elle espéroit qu'il lui donneroit une seconde fois la vie, et lui permettroit de revenir près de lui et de lui présenter son fils, qui annonçoit déjà les graces de sa mère et les vertus de son père. Lara ne fit point part de cette lettre à ses amis ; il vouloit en attendre la réponse, et jouissoit d'avance du bonheur de leur rendre les bontés d'un père, qui n'étoit injuste envers eux que parce qu'il étoit aveuglé.

Les craintes pour une prochaine disette augmentoient chaque jour, ce fut alors que Luce commença à regretter la Lucia où pendant trois ans ils n'avoient jamais manqué de rien, et où la terre leur payoit avec usure les soins qu'ils lui donnoient. Ce n'est pas que celle du Paraguay eut été plus ingrate ; mais l'état de guerre où l'on y vivoit avec les peuplades voisines du fort obligeoit de se tenir enfermés dans les murs, et la terreur que les Espagnols avoient fait éprouver au peuple de l'Amérique, réagissant sur eux, ils se voyoient forcés de vivre sans cesse dans la crainte d'être accablés par le nombre, et n'ayant de défense à attendre que de leur artillerie, ils n'osoient s'éloigner de leurs remparts : ainsi, les terres qui les environnoient restoient incultes.—Voila, disoit Hurtado, l'effet du systême qu'ont adopté les premiers vainqueurs de ces tristes contrées ; il eût été si facile de se faire des amis de ces peuples simples que l'amour de la nouveauté qui est commune à tous les hommes, les jouissances que nos arts leur auroient offertes, eurent attachés à nous : il est vrai que nous n'eussions pas compté quelqu'esclaves de plus ; mais nous aurions eu des amis fidèles qui nous eussent cédé avec plaisir ces terres dont plusieurs ne savoient pas tirer partie ; nous les aurions cultivées, et nous ne serions pas réduits à n'attendre notre subsistance que de la métropole qui, avide de l'or que l'on arrache aux Indiens, compte pour peu les pays qui offriroient des avantages préférables, et laisse périr de misère les hommes qu'elle y envoie. Il faut que je vous communique le mémoire que j'avois fait remettre par don Miranda au ministre, et qu'il m'a fait rendre par Borreli : il seroit peut-être possible que nous essayassions ce plan. Parmi les peuplades qui nous environnent, il en est dont les mœurs, à ce qu'on m'a dit, sont plus douces, et qui pourroient être flattés de notre alliance. — Les Timbuez, reprit Lara, n'en seroient peut-être pas fort éloignés; et en me rappelant ce que vous m'aviez dit dans la traversée, je regrettois, pour tenter ce moyen, d'être privé de vos conseils, et surtout des talens que vous avez reçus pour persuader vos semblables. Vous savez leur langue : si vous vouliez risquer de voir Mangora, leur chef, vous pourriez sonder ses dispositions à notre égard. Il n'y a point à craindre qu'ils se portent a aucun acte de cruauté envers un homme qui vient seul leur offrir des paroles de paix. Hurtado accepta avec joie la proposition de son ami. Luce, par un pressentiment des maux qu'elle devoit entraîner, en fut alarmée ; mais son époux lui faisant envisager que la colonie étoit au moment d'éprouver les horreurs de la famine, qui pour les enfans est bien plus terrible que pour les hommes, la determina, par la tendresse qu'elle avoit pour son fils, à le laisser tenter cette entreprise. Il sortit donc du fort, suivi seulement d'Alonzo qui ne vouloit point se séparer de son maître. Luce l'accompagna jusqu'aux portes, et le supplia, les larmes aux yeux, de ne point s'exposer, de penser qu'elle n'avoit que lui dans l'univers. Le petit Salvador qui voyoit sa mère pleurer, le caressoit et lui disoit :— Papa, ne t'en vas pas, tu fais du chagrin à Luce ; et son père les embrassant l'un et l'autre s'arrachoit a regret d'auprès d'eux : mais il espéroit que ce ne seroit que pour peu de jours, et qu'il obtiendroit de l'alliance qu'il méditoit un grand avantage pour la colonie. A peine étoit-il parti pour se rendre au quartier des Timbuez que le courrier que Lara avoit dépêché de nouveau à Galettas arriva, et lui remit la lettre que je transcris ici.

———

Lettre de Galettas à don Nudo de Lara, gouverneur de la forteresse de Riotercero.

A Mexico, le 7 Février 1531.

» J'ai reçu, seigneur, avec une
» reconnoissance infinie, votre let-
» tre du 15 Décembre dernier, et je
» n'y aurois fait d'autre réponse
» que de partir sur-le-champ pour
» aller vous voir et celle dont vous
» me peignez les malheurs d'une
» manière si touchante. La con-
» duite de mon ami envers elle
» m'étonne à un point que je ne puis
» vous dire. Je vous répète donc
» que j'aurois sur-le-champ été vous
» voir, et tâcher de pénétrer cet in-
» compréhensible mystère, si je
» n'étois pas retenu dans mon lit
» par des douleurs de goutte qui ne

» me permettent pas d'en sortir.
» Comme je ne sais point quand cet
» accès finira, en ayant eu qui m'ont
» tenu plus de six mois, je vous
» prie de m'envoyer sur-le-champ
» par quelqu'un de sûr la cassette
» qui me paroît, d'après ce que vous
» me dites, avoir un rapport bien
» direct avec cette malheureuse af-
» faire. Si cela est j'écrirai aussitôt à
» mon ami, et je suis sûr qu'il met-
» tra autant de magnanimité à re-
» connoître ses torts et à les répa-
» rer qu'il a mis de précipitation a
» juger des êtres qui, d'après ce que
» vous me dites et ce que j'en sais
» moi-même, méritoient un examen
» plus réfléchi. Ils ont commis
» une faute grave, j'en conviens ;
» mais elle n'étoit pas un crime. En-
» gagez donc cette intéressante
» femme à prendre courage, et as-
» surez la que par l'attachement
» que j'ai pour son père, je mettrai

» tous

» tous mes soins à rouvrir son cœur
» à la tendresse que je lui avois
» toujours connue pour elle. Ce qui
» m'étonne, c'est que voilà près de
» quatre ans que je n'ai eu de ses
» nouvelles, malgré que je lui aie
» écris plusieurs lettres. Il est vrai
» que depuis près de deux années
» j'ai vécu dans les forêts, absolu-
» ment séparé des Espagnols,
» n'ayant d'autre communication
» qu'avec les sauvages, qui s'é-
» toient emparés de moi à tel point
» que par pur attachement ils me
» retenoient prisonnier, avec tous
» les honneurs possibles : je crois
» même que j'étois ce qu'on nomme
» roi chez les peuples policés. Ces
» grandeurs me touchoient peu ;
» mais j'en appelois un grand
» nombre à la foi par la seule voie
» de la persuasion, et je les dispo-
» sois à s'unir par des alliances
» avec les Européens : enfin, étant

» chargé par eux de négocier un
» traité de paix, ils m'ont lais-
» sé revenir à Mexico, dont je par-
» tirai le plutôt qu'il me sera pos-
» sible pour vous assurer du res-
» pect, etc. ».

GALETTAS.

Cette lettre porta une grande consolation dans l'ame de Luce à qui Lara la communiqua : elle le supplia de ne pas perdre un moment pour envoyer à Galettas la cassette; elle chargea le courier, que Nudo dépêcha à l'instant, d'une lettre pour ce respectable ami de son père, où elle joignit le mémoire qu'elle avoit préparé pour remettre au marquis, et qui heureusement étoit resté sur elle quand il l'avoit si cruellement bannie de sa présence. Car si elle l'avoit laissé dans son appartement, bien certainement la marquise ne l'auroit pas fait parvenir à son père ; et il auroit été difficile à Luce de le récrire avec cette chaleur, cette vérité de détails qui s'y trouvoient. Elle faisoit les vœux les plus ardens pour que la santé de don Galettas se rétablît et qu'elle lui permît de venir les joindre : il lui sembloit qu'en le voyant elle croiroit voir son père dont l'ame étoit si étroitement unie à la sienne ; elle brûloit d'impatience qu'Hurtado fût de retour pour qu'il partageât ses espérances ; elle se félicitoit d'avoir quitté la Lucia. Pauvres humains que nous sommes ! qu'il nous appartient peu de juger de l'avenir ; ce que nous croyons qui nous sera utile, nous plonge souvent dans de grandes douleurs, et ce que nous regardons comme devant nous conduire au dernier dégré de l'infortune, fait quelquefois notre félicité !

Luce comptoit les momens jusqu'au retour d'un époux adoré : c'étoit la première fois depuis plus de trois ans qu'ils s'étoient séparés; et l'habitude qui détruit les charmes des impressions légères, semble donner une force irrésistible aux sentimens profonds. Luce aimoit Hurtado avec bien plus de vivacité qu'au moment où elle s'étoit unie à lui sans l'aveu de son père. Hurtado joignoit à l'ardeur que ses charmes lui avoient inspirée cet attachement inaltérable qui naît de la connoissance des vertus de celle qui nous enchaîne : amour, estime, reconnoissance, tout attachoit ces époux l'un à l'autre par des liens que rien ne pouvoit rompre. Aussi dès que Luce, qui tous les jours montoit au donjon pour voir si elle n'appercevoit pas son cher Hurtado, crut le distinguer de loin entouré d'une troupe d'Indiens, elle fit un cri de joie et vint en avertir sur-le-champ Lara qui s'étant assuré que c'étoit son ami fait baisser le pont. Comme Hurtado revenoit effectivement avec une troupe de Timbuez, il ordonna aussi que la garnison se tiendroit sous les armes et que l'on pointeroit le canon pour éviter toute surprise.

Nudo alla au-devant de son ami, et engagea Luce à ne point l'accompagner, y ayant, dit-il, à se défier des nations sauvages. Luce y consentit avec peine, tant elle étoit impatiente de revoir l'ami de son cœur. Hurtado présenta au gouverneur le cassique qui, honoré d'être distingué des autres nations barbares, lui promit d'être fidèle aux traités qu'Hurtado avoit fait en son nom ; et Lara ayant faits défiler la garnison dans l'appareil de guerre le plus imposant, les Timbuez s'étant rangés en cercle autour de leur chef, on jura des deux côtés amitié et secours réciproques. Nudo alors offrit au cassique d'entrer dans la citadelle avec six des siens pour y sceller, par un repas amical, l'accord fait avec sa nation. Mangora l'accepta avec reconnoissance; et tandis que Nudo lui faisoit remarquer l'état redoutable de la citadelle, Hurtado s'empressa de se rendre auprès de l'objet de toutes ses affections : leur réunion fut aussi tendre que le regret d'être séparé avoit été senti.

Nudo, à l'heure du repas, fait prier Luce de venir l'embellir. Hurtado l'y détermina, non sans peine ; et la laissant avec ses femmes pour lui donner le temps d'ajouter aux graces qu'elle tenoit de la nature les secours inutiles de l'art, il vint retrouver son ami.

Peu de momens après, Luce se rendit dans la salle du festin. Mangora, en la voyant entrer, fut frappé de l'éclat de sa beauté. Un feu dévorant circula dans ses veines ; et, s'abandonnant à l'enthousiasme qu'elle lui fait éprouver, il se prosterne à ses pieds et lui dit : — O toi qui es sûrement la fille du soleil, reçois le cœur de Mangora ! Viens régner avec lui sur les Timbuez. — Je suis sensible, répondit-elle avec une douceur et une modestie charmantes, aux sentimens que vous me témoignez ; mais Luce n'est point à elle, elle appartient à Hurtado, ce généreux guerrier qui, sûr de vous vaincre, a préféré de faire alliance avec vous. Si vous suivez les lois de la nature, elles ont dû vous apprendre qu'on ne peut trahir sa foi. Un serment solemnel me lie à Hurtado ; et mon amour pour lui l'assure encore plus de ma fidélité. Le sauvage, confus de trouver dans Luce l'épouse de

Sébastien, se relève et paroît renoncer à un amour sans espoir. — Ce ne sont point, dit-il à Hurtado, les avantages que tu as reçus des dieux, en puissance, en force, en adresse, que je t'envie ; mais le bonheur d'être époux de Luce. Au moins, si je ne puis prétendre à son cœur et à sa main, ne refuse pas de venir avec elle recevoir les hommages de ma nation, qui, voyant une beauté si parfaite, unie avec un brave tel que toi, ne doutera pas que tu ne sois invincible, puisque c'est pour lui plaire que tu fais ces actions de courage dont le bruit retentit dans toutes nos contrées ; et alors rien ne pourra détacher les Timbuez de ton alliance. Hurtado, qui avoit été témoin des premiers transports du cassique, crut devoir par pitié pour lui ne pas multiplier les occasions qu'il auroit de voir Luce, et fit entendre à ce chef de sauvages,

sauvages qu'après avoir conclu le traité pour lequel Lara l'avoit envoyé chez les Timbuez, son devoir l'obligeoit à rester dans la forteresse dont un soldat européen ne devoit jamais sortir que pour combattre et vaincre ; que d'ailleurs les femmes espagnoles ne quittoient jamais leurs maisons. Le cassique s'apperçut bien de la cause de ce refus; et dissimulant le chagrin qu'il en ressentoit, il affecta de ne plus parler à Luce, et même de laisser expliquer, par ses regards, le feu dont elle l'avoit embrasé. Le repas se prolongeoit ; et Luce profita de l'instant où les liqueurs ennivrantes commençoient à troubler la raison des sauvages, pour sortir de la salle sans être apperçue. On reconduisit Mangora aux portes de la citadelle.

Lara et Hurtado revinrent trouver Luce, et la félicitèrent sur sa nouvelle conquête. On convint qu'elle étoit faite pour créer une âme dans les hommes les plus barbares. On s'étonna seulement qu'une passion aussi subite eût, presqu'au même instant, appris à se commander. — Et il n'appartient, disoit Hurtado à sa compagne, qu'au caractère de vertu qui brille autant dans tes traits que celui de ta beauté d'inspirer aux sauvages ce respect dont ils n'ont point d'idée. Luce, qui recevoit avec la plus tendre reconnoissance les éloges de son époux, ne pouvoit cependant se défendre d'un sentiment de tristesse dont elle ne démêloit pas la cause. Que pouvoit-elle redouter des feux de ce cassique, qui ne reviendroit jamais à Riotercéro ? Et se reprochant à elle-même une crainte aussi peu fondée, elle s'empressa de dissiper les nuages qu'elle avoit élevés, pour goûter avec son époux la joie qu'il ressentit en lisant la lettre de don Galettas, dont elle lui avoit parlé au moment de son arrivée. Il leur paroissoit certain que ce digne missionnaire alloit finir leur douleur, et que, d'ici à peu de mois, ils seroient réunis à leur père. Lara partageoit leur félicité bien sincèrement; et, pendant quelque temps, ils ne s'occupèrent que des projets qu'ils faisoient pour l'avenir. Hurtado vouloit qu'au moment où ils repasseroient en Europe, Nudo remît le commandement de la citadelle; qu'il revînt en Espagne, où il pouvoit mieux servir l'état avec plus d'utilité et moins de danger. Luce parloit tous les jours à son fils de son père; elle l'instruisoit d'avance à l'aimer. — Tu le caresseras bien, lui disoit-elle. — Oh! oui, maman. — Tu chercheras à l'amuser. — Je lui conterai tout ce que nous faisions dans l'île, que je regrette bien, et sur-tout mes chèvres et mes pigeons.—Tu en auras d'autres en Espagne, et tout ce que tu pourras desirer ; mais sur-tout, tu seras bien caressé par mon père, qui t'aimera comme il aimoit sa Luce. — Irons-nous bientôt, maman ! car je m'ennuie ici. On ne peut sortir de ces murs ; moi qui me promenois si bien à la Lucia ! — Nous irons bientôt, mon ami ; bientôt. — Ah ! tant mieux, maman ; je serai content de ne plus être si près de ces vilains Indiens ; ils me font peur, avec leurs plumes sur la tête et leurs massues. Ils sont si noirs ! et puis, ils n'ont point d'habits. Les premiers que j'ai vus, je les ai pris pour des bêtes. — Ils sont hommes comme nous, mon ami ; mais ils ne sont pas civilisés. Salvador demandoit à sa mère ce que cela vouloit dire. Elle lui expliquoit, autant que son âge pouvoit le lui permettre ; et malgré tout ce qu'elle lui disoit pour lui persuader que les peuples d'Amérique étoient capables des mêmes instructions que les Européens, il se sentoit pour eux un éloignement qui lui faisoit ardemment desirer de passer dans l'ancien monde. Bientôt ses vœux seront remplis ; bientôt il recevra les bénédictions de son aïeul ; mais son père ! mais sa mère !....

Cependant les Timbuez ne se hâtoient pas de remplir les conditions du traité qui les obligeoit à fournir des vivres ; et ils diminuoient sensiblement dans la place. Hurtado fut le premier à offrir à Lara de sortir avec cinquante hommes de la garnison pour s'en procurer, soit par des échanges, soit par force, si l'on ne pouvoit faire autrement. Il proposa de s'adresser au peuple qui habitoit dans les montagnes du Tucuman, où se trouve la source du Tercero ; et pour éviter d'être arrêté dans ce dessein par sa compagne, il partit au lever de l'aurore, tandis qu'elle étoit encore endormie. A son réveil, elle apprit qu'il n'étoit plus dans la forteresse ; et quoiqu'on l'assurât que son absence seroit de peu de jours, elle en ressentit un violent chagrin.

Mangora, qui n'avoit dissimulé son atroce jalousie que pour assurer le succès de l'entreprise qu'il méditoit, avoit trouvé le moyen d'être instruit de tout ce qui se passoit à Riotercero ; et ayant su que Sébastien étoit sorti avec près de la moitié des braves qui la défendoient, il crut le moment favorable pour obtenir l'objet de ses violens desirs. Il rassembla les Timbuez au nombre de quatre mille ; il les conduisit dans le plus grand silence ; il les cacha, bien armés, dans un marais couvert, voisin de la citadelle ; et marcha aux portes de la place avec trente des siens, chargés de subsistances. Il fait dire à Lara qu'ayant appris que ses amis les Espagnols manquoient de vivres, il s'empressoit de venir lui en offrir, en attendant le retour du convoi qui devoit leur en apporter. La loyauté du général étoit trop éloignée de la méfiance pour suspecter les pièges de la perfidie dans les présens volontaires de son allié, il laissa entrer Mangora et ses compagnons; et voulant lui témoigner sa reconnoissance, il ordonna qu'on leur préparât un repas, où il réunit ce qu'il possédoit encore des productions de l'Europe aux mets naturels du pays. Dès que Luce eût appris que le cassique étoit entré dans le fort, elle s'enferma dans son appartement avec son fils, ne voulant point assister au festin, où de l'ivresse on tomba dans les filets du sommeil, ou plutôt dans ceux de la mort.

Le cassique avoit prévenu son escorte et la troupe qu'il avoit embusquée; tout étoit concerté pour consommer la plus lâche des trahisons: à peine les Espagnols étoient endormis, que la lueur des flammes, qui dévoroient le magasin, avertit les Timbuez de marcher au sacagement de la place. Les soldats, qui devoient la défendre, à peine réveillés par le bruit et la lumière que jetoit l'incendie, courent, encore ivres, pour l'éteindre; durant ce désordre, ceux qui en sont cause ouvrent les portes à leurs compagnons, et tous ensemble fondent, le poignard à la main, sur les Espagnols qui ne savent fuir ni le feu ni l'ennemi. Nuflo de Lara désespéré, furieux de s'être laissé tromper par un barbare, se che-

che qu'à assouvir sur lui sa vengeance : blessé mortellement, il songe moins à retirer la flèche qui lui perce le flanc, qu'à plonger son épée dans le cœur de Mangora. Le cassique et lui tombent en se déchirant mutuellement. Cependant, rien n'arrête le carnage; il s'étend sur les femmes, les enfans, les vieillards; tout périt sous les coups des farouches Timbuez : la seule retraite de Luce avoit été respectée, parce que le chef des sauvages ne vouloit que l'enlever; elle restoit enfermée avec Elisa, deux autres femmes qui avoient trois enfans, amis et compagnons de Salvador. Alonzo qu'Hurtado avoit aussi trompé lorsqu'il étoit parti, ne voulant point l'exposer aux fatigues et aux dangers de cette expédition; celui que couroit sa maîtresse, donna à ce digne serviteur un courage qu'on n'auroit pu attendre d'un vieillard. Voyant les Indiens approcher de la maison, qu'ils paroissoient décidés à forcer, il leur déclare que ce ne sera que sur son corps qu'ils parviendront jusqu'à Luce, et le désespoir lui donnant des forces, il abat à ses pieds les premiers qui osent approcher; mais bientôt, accablé par le nombre, il tombe baigné dans son sang et expire. Cependant, les sauvages pénètrent dans l'asyle de l'épouse d'Hurtado, qui leur oppose inutilement la résistance la plus opiniâtre, leur demandant la mort plutôt que les fers; et malgré ses cris et ses pleurs, ils l'enlèvent, son fils, les deux femmes qui étoient avec elle et leurs enfans, et conduisent ces tristes victimes à Siripa, frère et successeur du perfide cassique. Elles s'attendoient au dernier malheur, celui que Luce envisageoit comme le moins cruel qu'on pût leur faire éprouver, étoit de servir au repas de ces barbares. — Que je meurs avant toi, disoit-elle à son fils, c'est tout ce que je demande : quand tout-à-coup Siripa, frappé des mêmes traits qui avoient enflammé le cœur de son frère, éprouve à la vue de Luce un sentiment qui jusqu'alors lui avoit été inconnu. Mais l'amour qui semble se jouer des simples mortels, se plaît à varier les effets de sa puissance : aux uns, il fait éprouver la rage et le désespoir; aux autres, il inspire le desir de plaire par la douceur et la soumission. Siripa se jette aux pieds de Luce, lui déclare que non seulement elle est libre, mais qu'elle doit régner sur le chef et le peuple, que ses charmes eussent soumis à l'Espagne plus sûrement que les armes. Luce qui n'avoit pas oublié que tel avoit été le langage de Mangora ; que sa feinte douceur n'avoit servi qu'à voiler la plus atroce perfidie, reçut avec dédain l'hommage de ce nouvel amant, qui ne se rebuta pas de ses mépris ; et comme elle lui disoit, ainsi qu'à son frère, qu'étant l'épouse d'Hurtado elle ne pouvoit en aimer un autre, il la supplioit d'oublier un époux malheureux, sans doute tombé sous les flèches des Montagnards Tucumans : mais elle n'en repoussoit qu'avec plus d'horreur les tendres soins de Siripa. — Ai-je donc, lui disoit-elle, traversé les mers avec mon époux, pour l'abandonner et le trahir dans un monde où les femmes doivent donner l'exemple de la vertu, comme les hommes y donnent celui de la bravoure. — Le cassique qui n'avoit aucune idée de cette fidélité, se flattoit que le temps affoibliroit ses sentimens dans un sexe qui n'étoit pas, à ce qu'il croyoit, fait pour une longue résistance ; d'ailleurs, ne pouvoit-il pas vaincre tant de fierté par la douceur. En vain Luce repoussoit opiniâtrement les attentions du cassique, il lui prodiguoit les soins et les respects à proportion de ses refus. Il lui avoit fait construire une case plus commode que toutes celles de sa nation ; il l'avoit ornée de tout ce qu'il avoit de plus précieux ; elle y étoit servie, elle et les femmes qui avoient subi le même sort, par des Indiennes qui avoient ordre de satisfaire ses moindres desirs. Il combloit son fils de caresses, et sembloit attendre de cet enfant qu'il adoucît la fierté de sa mère ; il auroit passé sa vie à ses pieds s'il n'avoit craint que sa vue continuelle n'eût encore ajouté à la haine qu'elle lui témoignoit. Mais il ne la quittoit que pour penser à elle, et pour lui rapporter de sa chasse ce qu'il croyoit qu'elle aimeroit le mieux. Il vouloit qu'Elisa le lui préparât à l'Européenne ; il demandoit comme une grace la permission de manger avec elle, honneur que les sauvages accordent rarement à leurs femmes. Il savoit que Salvador aimoit les chevreaux, il avoit donné ordre qu'on cherchât tous les moyens d'en enlever un pour lui en faire présent : mais l'enfant ne s'accoutumoit pas plus que sa mère à la vue de ces hommes qui les tenoient séparés de son père, et il ne dissimuloit pas au Cassique qu'il ne pouvoit pas le souffrir.

Depuis que Siripa étoit soumis à une Espagnole, il avoit défendu aux siens de les attaquer ; il ne vouloit point de triomphe qui coûtât une larme à l'objet de son idolâtrie; et malgré elle, elle adoucissoit ce peuple barbare, qui, comme tous ceux qui couvrent la terre, prennent sans s'en appercevoir les mœurs de leurs chefs. Siripa qui vouloit plaire cherchoit à se rapprocher de nos institutions ; il n'osoit plus paroître devant l'épouse d'Hurtado qu'avec des vêtemens. L'amour lui donnoit des leçons de pudeur, comme il lui en avoit donné de modération ; et s'il eut été possible que Luce répondît à ses sentimens, elle fut parvenue sans peine à le civiliser, et, par lui, à éclairer cette nombreuse peuplade : mais son cœur n'étoit occupé que de son cher Hurtado ; elle se figuroit ce qu'il avoit dû souffrir lorsque revenant à Riotercero il n'avoit trouvé que des monceaux de cendres: combien elle auroit voulu l'instruire de sa destinée! Mais quand cela lui auroit été possible, elle ne pensoit point sans effroi qu'alors il tenteroit tout pour la délivrer, et qu'il s'exposeroit à une mort certaine. Plus d'un mois s'étoit passé dans cette pénible situation, sans que rien pût calmer sa douleur et affoiblir l'amour de Siripa.

Un soir que ce cassique s'ennivroit à ses pieds du bonheur de la voir, on entend un grand mouvement assez près de la case. Luce frémit ; et bientôt ses alarmes se changent en la douleur la plus profonde, quand elle entendit distinctement le bruit des armes : elle ne doute point que ce ne soit Hurtado qui vient la redemander à Siripa : celui-ci se lève, saisit sa massue, et va pour sortir de la case, lorsqu'on lui amène l'époux de Luce couvert de blessures et chargé de chaînes. Cette femme infortunée ne peut contenir les sentimens qui l'agitent, et son trouble n'apprend que trop au cassique que son rival est en sa puissance. Alors, la jalousie, cette passion terrible qui rend l'homme civilisé aussi barbare quelquefois que

ceux

ceux qu'il nomme sauvage, exerce son empire d'une manière plus effrayante encore dans ces êtres qui n'ont d'autre loi que celle de la nature, et qui ne connoissent d'autre règle que de jouir de ce qu'ils desirent, et d'immoler sans pitié tout ce qui s'oppose à leurs vœux ; cette passion, dis-je, rendit à Siripa toute sa férocité : ce n'est plus un amant tendre et soumis, c'est un tigre affamé du sang de son rival, dont il ordonne aussitôt la mort. Luce, en qui cet arrêt porte l'épouvante, oublie sa fierté : c'est elle à présent qui embrasse les genoux du cassique, qui les arrose de ses larmes et lui demande la vie de son cher Hurtado, et jure que rien ne l'empêchera de le suivre. Siripa qui a déjà fait l'épreuve de sa constante fermeté, ne doute pas qu'elle n'exécute cette fatale résolution ; et, préférant la vie de Luce au plaisir de se venger de celui qu'elle aime, lui accorde sa grace, et consent même que les époux se voyent en liberté : mais, ajouta-t-il d'un ton qui les fait frémir : — Tu vois Luce jusqu'où va ma foiblesse pour toi ; je laisse la vie à ce vil Européen, que je pourrois anéantir d'un seul mot : je veux bien l'épargner, puisque tu dis que sa mort causeroit la tienne ; mais je jure par le soleil, que si vous abusez de mes bontés, et si vous osez écouter l'amour et vous abandonner à ses transports, le premier moment de votre félicité sera le dernier de votre vie.

Cet arrêt ne parut point dans l'instant si terrible à ces époux. Ils se trouvoient réunis ; ils pouvoient, tant que le soleil éclairoit ces régions, se voir, s'aimer, se le dire, jouir des tendres caresses de leur enfant. Après tout ce qu'ils avoient redouté, n'étoient-ils pas encore heureux dans leur infortune? — Je te revois, disoit Hurtado à Luce, combien j'ai tremblé d'avoir à pleurer ta perte! As-tu imaginé tout ce que mon cœur a souffert quand en revenant à Riotercero, je n'ai plus trouvé qu'un monceau de cendres! En vain j'y cherchois les traces de tes pas ; je te redemandois aux cadavres sanglans, à demi dévorés par les flammes, et muets témoins de tes malheurs ; ils ne pouvoient m'en instruire. Avec quel déchirement j'ai retrouvé celui de Nudo de Lara auprès du traître Mangora ! Plus loin, la dépouille mortelle du fidèle Alonzo! Combien leur mort m'a été sensible ! combien elle m'a fait redouter la tienne! Mais inutilement, je cherche et tremble d'apprendre cette affreuse vérité ; et lorsque nous eûmes, avec nos malheureux compagnons, passé plusieurs jours à rendre à ces infortunés les honneurs de la sépulture, m'étant assuré que toi, ni mon fils, ni Elisa n'étiez du nombre des victimes, j'ai pris la résolution de venir te chercher chez les Timbuez, ne doutant plus qu'ils ne t'aient amenée prisonnière chez eux; et tandis que nos compatriotes, dont Mosebera est devenu le chef, s'embarquoient sur un bâtiment qui étoit demeuré à l'ancre, je suis venu seul m'exposer à la rage des Timbuez, heureux d'expirer si je pouvois obtenir de te revoir un seul instant. Ils ne vouloient pas m'attaquer, et sembloient mépriser le foible avantage de s'emparer d'un homme seul; mais j'ai provoqué leur colère, et après en avoir immolé plusieurs à mes justes ressentimens, affoibli par le sang que je perdois, ils sont parvenus à s'emparer de moi. L'amour qui a fait tous nos malheurs, daigne nous être favorable; c'est lui qui a touché l'ame de Siripa. Il nous laisse la vie; il fait même plus encore, il permet que nous nous voyons sans contrainte; il n'y met qu'une seule condition, c'est que nous renoncions aux plaisirs que l'hymen nous accorde…. N'irritons pas sa jalousie; jouissons des biens qu'il nous laisse. — D'autant, ajouta Luce, que cette privation peut n'être pas très-longue. Je sais que Siripa a une profonde vénération pour Galettas. Je lui en ai parlé comme d'un ami de mon père; je ne doute donc pas que, lorsqu'il viendra nous chercher à Riotercero, n'y trouvant point d'Espagnols, et sachant que cette forteresse a été détruite par les Timbuez, il viendra ici pour savoir si nous ne sommes pas du nombre des prisonniers, et nous délivrera; car il n'est aucun Américain qui lui refuse ce qu'il lui demande, tant sa vertu et son humanité l'ont rendu cher et respectable à ces peuples sauvages. Que le courage et la prudence ne nous abandonnent pas; il peut encore luire pour nous de beaux jours.

Luce pansa les blessures de son époux qui n'étoient point dangereuses; et ils ne sentirent la rigueur de leur sort que, lorsqu'au coucher du soleil, ils furent contraints de se séparer. Chaque jour, à l'aube du matin, on ouvroit leurs cases. Sébastien voloit à celle de Luce; il attendoit quelquefois son réveil et celui de son fils, et jouissoit de leurs premiers regards, où il lisoit toujours la tendresse la plus vive.

Siripa étoit plus infortuné qu'eux. Un sombre désespoir agitoit son sein; il ne pouvoit considérer Hurtado sans éprouver des transports dont il n'étoit pas le maître. Esclave de la parole qu'il leur avoit donnée, rien ne pouvoit le porter à la trahir tant qu'ils n'enfreindroient pas la loi qu'il avoit imposée. Mais l'amour avoit perdu pour lui tous ses charmes. Luce étoit toujours à ses yeux la plus belle des femmes ; mais elle aimoit son époux; elle ne le lui laissoit pas ignorer. Ils étoient privés, il est vrai, sous peine de la vie, des douceurs que leur auroient offerts leurs mutuels desirs ; mais ils s'en dédommageoient par mille innocentes caresses, par ces doux épanchemens qui font le charme de la vie, et dont, pour son malheur, le cassique avoit appris à connoître le prix. Aussi fuyoit-il, presque toujours, ce couple qu'il trouvoit encore trop fortuné. Errant sans cesse autour des habitations, il étoit devenu plus farouche qu'il n'étoit au moment où les yeux de Luce lui avoient fait sentir sa puissance. Les siens n'osoient l'aborder. S'ils le pressoient de les mener au combat, il répondoit qu'il n'avoit pas d'autre ennemi qu'Hurtado ; qu'il n'avoit pas besoin, pour le trouver, de traverser les déserts, puisqu'il étoit sous sa puissance. Quand ils lui proposoient de venir faire une chasse : Les animaux des forêts, leur disoit-il, sont moins farouches que Luce. Quelle gloire aurois-je à les surprendre, tandis qu'elle échappe à tout ce que je tente pour m'en rendre maître.

Il y avoit parmi les Timbuez un nommé Alcuna, qui avoit à lui seul plus de chevelure que tous ceux de sa tribu. C'étoit le guerrier le plus intrépide, mais en même temps le plus cruel. Il n'avoit nulle idée de la passion qui dominoit le cœur de Siripa. Elle étoit sans exemple dans ces contrées sauvages. Il voyoit avec indifférence les attraits de Luce ; et indigné de ce qu'elle eut subjugué le cassique, il desiroit sa mort

mort pour le voir délivré de ses fers. Il vient le trouver, et lui dit avec l'autorité que ses exploits lui donnoient même sur son chef : — Quand finiront tes amours pour cette captive espagnole ? Ou force-là de céder à tes desirs, ou renvoie-là à son lâche époux, ou bien arrache-toi à la fatale passion qui t'avilit aux yeux de tous les tiens en les livrant à la mort. Assez et trop long-temps nous avons souffert les crimes de ces Européens ; vengeons-nous sur ce couple rebelle, des maux que leurs concitoyens nous ont causés. Dis un mot, et elle ne te fera plus éprouver ni craintes ni desirs. Je te déclare au nom des Timbuez que, si d'ici à dix jours, tu n'a pas pris un des trois partis que je te propose, tu seras déchu de ton autorité, et tu rentreras dans la dernière classe. — Siripa, sur qui la crainte n'avoit pas d'empire, ne répondit à Alcuna que par l'ordre de se retirer ou de craindre sa colère.—Je t'ai parlé, dit le sauvage, comme député de la nation; je veux bien ajouter comme ton ami, que tu coures les plus grands périls; que le mécontentement est général; qu'il y va peut-être de ta vie si tu ne sors de cet état d'anéantissement où t'a plongé ton amour pour la femme de Sébastien. Je t'en conjure, il en est temps encore, ne repousse point les conseils de l'amitié.—Siripa, que l'arrogance des premiers mots d'Alcuna avoit révolté, écoute avec plus de tranquillité les derniers. — Je sens, lui dit-il, que ce que tu m'a dit est juste. Je veux bien convenir avec toi de ma foiblesse; mais je ne puis adopter deux des partis que tu me proposes.... Jamais je n'obtiendrai par la force un bien qui perdroit pour moi tous ses charmes; je manquerois encore moins à la parole que j'ai donnée à luce, de respecter les jours d'Hurtado, et les siens me sont plus chers que la vie. Quant à lui rendre la liberté et à son époux, il seroit peut-être possible que j'en eusse le courage ; mais je suis loin encore d'en prévoir l'instant. Cependant, tu peux en flatter les Timbuez. — Ne leur avois-tu pas accordé la vie, reprit Alcuna, à condition qu'ils ne seroient jamais heureux l'un par l'autre ? — Oui, dit Siripa ; et la mort suivroit leur désobéissance. — Qui te dis qu'ils t'ont gardé la foi qu'ils t'ont donnée ? Tu les laisses seuls tant que le jour les éclaire. Mais quoi ! nos forêts n'ont-elles point des retraites assez sombres pour voiler leurs plaisirs ? Qui te dis que les grottes de nos montagnes ne sont pas les confidentes de leurs mystères amoureux ? —Vingt fois je l'ai pensé, reprit Siripa en soupirant; mais croirois-tu jusqu'où va ma foiblesse! Je n'ose y suivre leurs pas; je crains trop de les trouver coupables... et d'être obligé de punir, non Sébastien que je déteste, que je voudrois déchirer de mes propres mains, mais Luce, chef-d'œuvre de la nature, unique objet de toutes mes pensées, et dont la mort entraineroit la mienne. — Et tu n'as pas de honte de ta foiblesse ! et tu te plais à servir les feux de ton rival ! Que ne veilles-tu à la porte de leurs cases ; et tandis qu'il s'enivrent de voluptés, n'empêche-tu pas qu'on ne trouble leurs plaisirs ! - Siripa rougit de honte et de fureur. — Tu me rends à moi-même, s'écria-t-il en prenant la main d'Alcuna, sers ton ami malgré lui. J'ai tenu ma parole, je la tiendrai; mais empêche que je ne sois le jouet de ces vils Européens. Je te charge d'épier leurs actions ; ils ne se méfierons point de toi ; et si tu les surprends, viens m'avertir : je te jure que, s'ils sont coupables, je ne les épargnerai pas. Alcuna lui promet ses funestes soins, et le quitte avec la certitude qu'il trouveroit l'occasion de faire périr l'objet d'un amour qu'il regarde comme la honte de la nation Timbuez.

Tandis que la mort et la désolation avoient exercé leur empire sur la colonie de Riotercero, et qu'Hurtado et sa compagne avoient un glaive tranchant suspendu sur leur tête, qu'un seul moment de foiblesse pouvoit faire tomber sur eux, le courrier de Nudo de Lara arrivoit à Mexico, et remettoit à Galettas cette cassette, dont le fatal mystère a causé tous leurs malheurs. Le vertueux missionnaire s'empresse de l'ouvrir : que devient-il, lorsqu'il y trouve les preuves de l'innocence des enfans de Miranda, tracées par Michaellos au moment redoutable où les hommes, n'ayant plus d'intérêt à tromper leurs semblables, se hâtent de leur découvrir la vérité, dans la crainte d'être punis par celui à qui tout est connu. Quand il voit toutes les lettres qu'il avoit écrites à son ami, les réponses du marquis, sur-tout celle qu'il avoit faite à la lettre supposée que Michaellos lui avoit remise, son indignation redouble à chaque instant : mais avec quelle tendre compassion il lit le mémoire que Luce écrivoit, pour le donner à son père, au moment où il la maudit ; il frémit du danger où cet anathême expose Luce et Hurtado, il ne diffère pas un instant pour le faire révoquer. Il n'écrit point à Miranda, il craint que sa lettre, interceptée, ne hâte pas ce moment et ne soit encore pour l'atroce marquise le signal d'un nouveau forfait. Il part donc sur-le-champ pour trouver ce couple qui méritoit un sort plus tranquille. En les adoptant dans son cœur pour ses enfans, il leur promet de les rendre à leur père, ou de leur en servir jusqu'au dernier moment de sa vie. Il aurait pu traverser le continent et trouver par-tout des amis que ses bienfaits ou sa renommée lui avoient donnés : il préfère de s'embarquer, comme le moyen de se rendre plus promptement à Riotercero, dont il ignore la destruction ; mais les vents contrarient son impatience, et ce n'est qu'après trois mois d'une navigation périlleuse que son vaisseau aborda à Riotercero, dont il ne reste plus que la place. La seule maison du gouverneur avoit été préservée de l'incendie ; quelques Indiens, à demi-civilisés, qui s'y étoient retirés, apprennent à l'ami de Don Miranda les malheurs que la beauté de Luce avoit attirés sur cet établissement ; ils lui montrent la tombe où Hurtado avoit placé Lara et ses malheureux concitoyens ; et sachant qu'après avoir rempli ces tristes devoirs, il avoit été chez les Timbuez, où l'on disoit que Luce étoit prisonnière, il ne perdit pas un moment pour aller au secours de ces époux. Toujours frappé de cette idée terrible, que la vengeance céleste pouvoit d'un instant à l'autre les accabler, il n'a pas de repos qu'il ne les ait réconciliés avec leur père. Les sauvages des rives de la Plata dans leurs longues courses avoient appris que Galettas étoit l'ami de ces peuples à qui il ne manquoit que des lumières pour égaler leurs vainqueurs ; quelques-uns même l'avoient vu, il s'empressèrent à lui offrir tous les secours dont il pourroit avoir besoin, et le forcèrent à se laisser porter par eux jusqu'au quartier des **Timbuez**. Plus de cent lui servirent d'escorte : il hâte leur marche ; mais la malédiction paternelle existe toujours, et rien n'en suspendra les effets.

Depuis que **Siripa** s'étoit éloigné de **Luce** il commençoit à oublier la passion qu'elle lui avoit inspirée : de cet oubli à celui de sa cruelle défense il n'y avoit qu'un pas ; chaque jour elle se livroit avec plus de confiance à ces doux épanchemens de l'amour, qui finissoient par des caresses plus vives d'**Hurtado** ; elle cherchoit à s'y dérober : mais ses yeux qui n'étoient point d'accord avec ses paroles, l'invitoient à ces larcins qui ne faisoient qu'accroître les desirs de son époux. —Tu vois, lui disoit-il un jour, que le cassique ne nous fait pas observer, qu'il a repris ses premières inclinations, qu'il ne vient plus comme autrefois épier nos soupirs. Les autres sauvages indifférens à nos plaisirs comme à nos peines ne paroissent pas s'appercevoir si nous existons : pourquoi donc nous contraindre sans cesse ? n'est-il donc pas de retraite sous ces rochers où nous puissions nous dérober à tous les regards ? Viens, viens, ma bien aimée, qu'encore une fois ton Sébastin te doive le bonheur. Luce résiste à ses prières. — Pourquoi, dit-elle, nous exposer à mourir ? ah ! sans mon fils je sacrifierois sans regret ma vie pour te prouver mon amour; mais pense que nous périrons tous deux ; et que deviendroit notre enfant !

Hurtado, injuste pour la première fois de sa vie, douta du cœur de Luce, et ce doute cruel fit leur perte ; il se tait, s'éloigne, et la laisse en proie au plus affreux désespoir. Penser qu'Hurtado peut douter de son cœur, non qu'elle croie qu'un soupçon injurieux puisse entrer dans son ame, il ne méritoit pas les sacrifices que l'amour lui a faits et qu'il est prêt encore à lui faire ; mais il ne croit pas être aimé avec la même ardeur qui le dévore, et cette pensée la désole. Cependant, l'heure qui sépare les époux est venue, et Hurtado qui s'est enfoncé dans les bois qui environnent l'habitation, n'en est pas sorti pour lui dire comme chaque soir il le lui répétoit : demain, demain je te verrai ; demain je passerai la journée près de toi. Quelle nuit succède à ce jour que Luce avec moins de prudence auroit pu rendre si heureux. En vain elle appelle le sommeil, il fuit loin de sa paupière ; et si elle s'appesantit, mille songes funestes l'agitent. L'astre de la nuit éclaire la case, son enfant couché dans un berceau repose auprès d'elle. Elle le voit sourire en dormant, et ce sourire porte dans son cœur le calme. Mais tout-à-coup elle pense qu'Hurtado est affligé, qu'elle a pu ajouter à tous les maux qu'il a soufferts pour elle par des refus qui lui font douter de sa tendresse. Ah ! se disoit-elle, dussions-nous subir le trépas, je ne supporterai pas l'idée qu'il me croie moins tendre que lui. Cher Hurtado, ame de ma vie, que ne puis-je être auprès de toi, que ne puis-je répondre à l'ardeur de tes desirs, te prouver que jamais je ne t'aimai avec plus d'abandon !

Déjà le soleil avoit dissipé les ombres de la nuit, et elle attendoit avec une impatience qui n'appartient qu'à l'amour que l'on vint ouvrir sa case. Les Indiennes qui la servoient y entrent; et quelle fut sa profonde douleur quand elle ne vit point son époux. Elle se hâte de sortir pour aller le trouver : mais à peine ses pas ont-ils touché le seuil de la porte, qu'elle apperçoit

Alcuna : elle éprouve à sa vue un sentiment d'horreur. Il avoit été un de ceux qui avoient exercé le plus de cruautés à Riotercero : d'ailleurs, sa figure portoit une empreinte de férocité qui le faisoit distinguer entre tous les Timbuez ; et depuis que Luce étoit prisonnière de leur cassique, elle n'avoit pu vaincre l'effroi que ce sauvage lui causoit : elle rentre donc et attend qu'il se soit éloigné. A cet instant Salvador se réveille ; elle le prend dans ses bras, le caresse, et le remettant dans ceux d'Elisa, elle lui recommande de lui donner les soins que jusqu'à ce jour elle a toujours pris elle-même. — Je suis obligée, lui dit-elle, de sortir ; Hurtado n'est point venu, je crains qu'il ne soit malade : garde mon fils jusqu'à mon retour, nous ne serons pas long-temps sans revenir. L'enfant qui n'aime rien à l'égal de sa mère, ne veut pas s'en séparer ; il pleure, il l'appelle : elle revient encore; lui donne un baiser, et le quitte non sans éprouver un serrement de cœur, dont elle ne veut pas connoître la cause. Sa résolution est prise ; et dût-elle marcher à la mort, il faut qu'Hurtado soit heureux et qu'il rende justice à son amour : elle marche, elle court à la case de son bien-aimé. Elle le trouve la tête appuyée dans ses deux mains, abîmé dans les plus douloureuses pensées. Il ne l'entend pas entrer, et ce n'est qu'à sa voix qu'il sort de l'absorbement où les tourmens de son cœur l'ont plongé. — Hurtado, lui dit-elle, est-ce donc toi qui me fuis, et me feras-tu connoître le seul malheur que je ne puisse supporter, l'idée que tu doutes de mon cœur? — Eh! comment n'en douterois-je pas, reprit Sébastien, lorsque tu ne veux pas consentir à me rendre heureux, quand il seroit possible que je le fusse sans craindre les menaces de notre tyran !... Hier encore en me séparant de toi j'ai erré autour de l'habitation, et j'ai trouvé une caverne dont la profondeur est immense ; j'ai pénétré jusqu'au fond : là nous n'aurions pas à craindre d'être apperçu ; et si même quelques sauvages y entroient, il suffiroit de ne faire aucun bruit, et je suis bien sûr qu'ils en ressortiroient sans savoir que nous y sommes. Mais tu ne le veux pas, tu aimes mieux me laisser mourir de mes tourmens. Autrefois Luce étoit plus sensible, et quand je me rappelle cette nuit fortunée qui suivit nos sermens, je me dis : Luce m'aimoit alors. — Elle t'aime avec le même abandon ; pour toi, elle a bravé la colère de son père, elle a encouru sa malédiction ; pour toi, elle saura braver les menaces du Cassique et la mort moins terrible pour elle que cet anathême : viens, guide mes pas ; et si ce moment doit être le dernier de ma vie, qu'au moins il soit le plus heureux pour toi. Elle dit, et sort de la cabane. — Hurtado la presse dans ses bras et la porte à l'ouverture de la caverne qui étoit cachée par des liannes que son époux écarte pour l'y faire entrer. Espérant que sa bien-aimée ne résistera pas long-temps à ses desirs, il y avoit transporté de la mousse qu'il avoit couverte de fleurs dont le parfum embaumoit cette sombre retraite qui bientôt alloit être éclairée par le flambeau de l'amour : qui pourra peindre les transports dont il enivroit ces époux! La défense semble encore ajouter un nouveau charme au bonheur qu'il leur fait goûter ; et plus fort que les fers, les tyrans et la mort, il exige ce doux tribut de plaisir dont, comme le dit un auteur célèbre,

célèbre, la vertu même fait un hommage au ciel dans les bras de la fidélité conjugale.

Alcuna a épié toutes leurs actions : dès la veille, caché dans l'épaisseur des bois il avoit entendu les vœux d'Hurtado ; il avoit été témoin de la résistance de Luce, et son ame féroce avoit tremblé qu'elle ne cédât pas aux transports de son époux ; il avoit suivi celui-ci lorsqu'il s'étoit séparé de Luce ; il l'avoit vu entrer dans la caverne, y préparer le trône de verdure où il espéroit la conduire. Dès le matin, cet argus revint autour des cases ; il voit Luce prête à sortir de la sienne ; il ne doute pas qu'elle va rejoindre son époux : alors, il se met en embuscade dans une touffe de bananiers qui se trouve entre la case d'Hurtado et la caverne ; il y reste jusqu'à ce qu'il y ait vu entrer ce couple que la malédiction paternelle, dont Alcuna est l'instrument, frappera dans le sein des plaisirs.

Alors, il va trouver Siripa et l'aborde avec un sourire barbare. — Viens, viens, lui dit-il, viens voir la foi qu'on peut donner aux Européens, viens voir Hurtado et Luce dans les bras l'un de l'autre: ose me suivre, et tu n'en pourras douter.... Siripa frappé comme de la foudre reste immobile et ne sait s'il doit punir son farouche ami de porter dans son cœur le trouble et le désespoir, ou s'il doit, en suivant Alcuna, se convaincre que Luce et son époux sont coupables et les livrer à la mort. Le barbare voit qu'il hésite ; et lui rappelant la parole qu'il lui a donnée, le somme de la tenir, ou le menace d'en instruire la nation, qui secoura le joug d'un homme assez lâche pour n'oser se venger d'un outrage. Siripa, qui espère encore qu'Alcuna s'est trompé, ou que Luce aura eu le temps d'échapper à sa recherche, consent à suivre cet impitoyable guerrier. Celui-ci a tout prévu : une garde nombreuse environne l'entrée de la caverne ; et tandis qu'Hurtado s'abreuve à longs traits d'une volupté dont il croit, pour la première fois, savourer les délices, l'abime se creuse sous ses pas. Siripa, qui voit que rien ne sauvera l'idole de son cœur, frémit de son danger ; et détestant la loi qu'il a imposée, voudroit que la terre, en s'ouvrant, lui offrît un asile qui la mît en sûreté contre ses farouches ennemis. Cependant, Alcuna l'entraîne dans ce temple où l'amour et l'hymen auroient dû défendre ce couple infortuné. Alcuna les saisit l'un et l'autre avant qu'ils aient pu l'entendre, et les traîne à l'ouverture du rocher, où les rayons du jour, éclairant le désordre de leurs vêtemens, et cette douce honte que l'on éprouve si l'on est surpris dans l'ivresse des jouissances même permises, ne laissent aucun doute qu'ils ont bravé les ordres de Siripa, qui veut en vain fermer les yeux sur leur désobéissance. Alcuna, sans lui donner le temps de se livrer à la clémence, les remit aux sauvages. — Vous voyez, leur dit-il, les infâmes Européens qui se sont joués des ordres de votre cassique ; qu'ils meurent, et que le bruit de leur trépas épouvante ceux qui oseroient braver ses lois. Hurtado veut défendre celle dont il a causé la perte ; mais les sauvages l'entourent, le pressent, et parviennent à serrer ses bras et ceux de sa compagne des mêmes liens qui les attacheront au bûcher. Hurtado rugit de rage et de fureur, et reproche au cassique sa barbarie ; il s'accuse d'être seul coupable ; il veut qu'on rende la liberté à Luce, qui, sûre de ne pas survivre à l'ami de son cœur, le console, le calme, et parvenue au dernier dégré du malheur lui adresse encore ces tendres paroles : — Nous mourrons ensemble, et tu sais combien je t'aime ; va, le trépas est pour moi sans horreur : puis s'adressant à Siripa : Et toi, homme barbare, qui n'a connus l'amour que pour m'immoler à tes cruels caprices, jouis du plaisir de compter nos derniers soupirs. Mais, non, qu'ils aigrissent encore ta jalouse rage ; car le dernier battement de mon cœur sera pour Hurtado.

Le cassique, qui ressent d'avance les atteintes du supplice que l'on prépare pour l'objet de sa fatale passion, voudroit donner sa vie pour l'en sauver ; mais ce seroit inutilement. Elle est dans les mains des Timbuez ; et rien ne pourra les priver de la joie barbare qu'ils se promettent en l'immolant et son époux ; il faut qu'il se soumette à leur volonté, tandis qu'ils ne paroissent que suivre la sienne ; il faut plus (et c'est là ce qu'il ne peut envisager sans frémir), qu'il assiste à cet horrible exécution, que ce soit lui qui mette le feu au bûcher. A ce seul penser, son sang se glace ; et livré au plus affreux désespoir, il fuit dans l'épaisseur de la forêt où il exhale, par ses cris, la douleur qui le déchire. Cependant, on pare les victimes de bandelettes d'écarlate, on les couronne de fleurs ; et tandis qu'on abat le bois qui doit servir au bûcher, les sauvages dansent autour d'eux et insultent, par leurs chants, au malheur qu'ils ne peuvent éviter.

Ces cris, ces chants de mort, retentissent jusqu'à la case où Elisa étoit restée avec Salvador. Inquiette de ne pas revoir ses maîtres, elle sort en tenant par la main cet enfant chéri qui veut aller chercher ses parens. Quel spectacle se présente à ses regards effrayés! Luce et Hurtado, enchaînés à un poteau où déjà les sauvages amoncellent le bois qui doit les consumer ; elle fait un cri, et tombe sans sentiment au pied du bûcher. Salvador, appercevant sa mère, franchit, en se traînant sur ses mains, les barrières qui l'en séparent, et vient se jeter sur son sein. En vain elle veut étendre les bras pour l'y serrer encore, ses bras sont retenus par ces indignes liens ; mais l'enfant la prend dans les siens, la couvre de baisers qu'il partage entre elle et son père. Alors la constance de ces époux les abandonne, des larmes coulent de leurs yeux ; elles inondent le visage de leur malheureux enfant, qui ne sait pourquoi ils sont enchaînés, et ce

qui leur fait répandre des larmes.
— O maman ! disoit-il, pourquoi m'as-tu quitté ce matin ! Et toi, papa, pourquoi n'es-tu pas venu ! que vous est-il donc arrivé ! pourquoi vous ont-ils attachés ainsi ! Et il essaye, de ses foibles mains, de rompre les nœuds qui serrent les membres meurtris des auteurs de ses jours. Voyant qu'il ne peut y parvenir, il supplie ces barbares de l'aider ; mais ils sont insensibles à ses supplications, à ses cris douloureux ; et Alcuna, le plus farouche de ses compagnons, enlève à sa mère la dernière consolation, celle de voir son fils à sa dernière heure.

Au moment où il prenoit l'enfant pour le remettre dans les mains d'une des Indiennes qui étoient attachées à Luce, l'infortuné Siripa, qu'une troupe de Timbuez avoit été chercher dans la forêt, et ramenoit pour

pour consommer son affreux sacrifice, arrive l'œil morne et portant sur son front la pâleur du trépas. Luce l'apperçoit et lui dit : — S'il reste encore dans ton cœur une étincelle du feu que j'y ai allumé, qu'au moins elle te rende accessible à la pitié pour mon fils. Siripa prend aussitôt l'enfant des mains de son cruel ami ; et le serrant contre son cœur : — Je jure, dit-il, par ce qu'il y a de plus sacré, que ton enfant sera le mien. Timbuez! honorez en lui le fils de votre cassique ; mais ne le laissez pas témoin de cet affreux spectacle. Aussitôt quatre Timbuez portent l'enfant en triomphe dans la case de Siripa, qui ordonne qu'on y transporte aussi Elisa, qu'on la rende à la vie, et que rien ne trouble les soins qu'elle rendra à cet infortuné. L'enfant tend encore les bras à sa mère, et jette les cris les plus perçans, lorsqu'il voit qu'on l'emporte loin d'elle. Luce, rassurée par le serment du cassique, n'ayant point à craindre pour les jours de son fils, reprend le calme, compagnon de l'innocence même sur l'échafaud. — Je reçois, dit-elle, ton serment, et j'en exige un autre : c'est que si jamais Galettas, dont je t'ai parlé, et que tu honores, vient dans ces lieux pour m'y chercher, tu lui rendes mon fils ; qu'il puisse le conduire à mon père. — Je te le promets, foi de Timbuez; mais il ne tiendroit qu'à toi, cruelle, dont la mort empoisonne ma vie, d'échapper au supplice que tu t'es attiré par ta désobéissance. Je pourrois encore te pardonner, et croire ton époux seul coupable. Dis un mot, et tes liens seront brisés. Je te rends ton fils ; et partageant avec toi ma puissance, tu régneras sur mon peuple. O Luce ! daigne écouter ma prière, aye pitié de ta jeunesse, de ta beauté, de ton fils. — Je ne crains rien pour lui, dès que tu m'as juré de le protéger, dès que tu m'as promis de le rendre à Galettas, qui viendra, oui, il viendra ; mais ne me crois pas capable de racheter ma vie par un crime. Hurtado, que tant de constance pénètre d'admiration, unit ses prières à celles de Siripa pour que Luce accepte la vie. — Non, non, dit-elle ; que deviendrois-je sur la terre sans toi ? Non ; laisse-moi acheter, par un moment de souffrance, le repos et le bonheur; que nos yeux confondent leurs derniers regards ; que nos ames, exhalées dans notre dernier soupir, s'envolent ensemble dans le sein de Dieu. Là, j'espère, finiront les effets de l'anathême prononcé par un père irrité ; il ne l'a point étendu au-delà de cette vie terrestre. Un jour, un jour, je le reverrai aussi dans le

séjour de la paix. Là, il connoîtra la vérité, il n'accusera plus sa fille bien-aimée, jouissant de sa tendresse, de celle de mon époux ; je serai enivrée d'un torrent de délices......
Alcuna, qui ne pouvoit être ému par des sentimens si nobles et si purs, attendoit avec une impatience que partageoit cette horde sanguinaire, qu'enfin Siripa se décidât à finir cette scène déchirante pour tout autre que pour des sauvages. Il présente au cassique des branches enflammées. Celui-ci recule d'effroi ; mais le féroce Timbuez, saisissant la main de celle qui tenoit le brandon, il le força à mettre le feu au bûcher.

Déjà la flamme brille et forme autour de ces infortunés une voûte brûlante, quand on apperçoit de loin une troupe d'Indiens portant sur leurs épaules un vieillard vénérable, qui hâte leurs pas pour sauter les victimes qu'il croit dévouées à la vengeance des Timbuez. Mais qu'il est loin encore d'imaginer que ce soit Luce et son époux ! Cependant il s'approche. Siripa le reconnoît pour Galettas ; il se jette dans ses bras ; son cœur avoit besoin d'en trouver un sensible à ses douleurs. — Qui sont, dit aussitôt ce respectable vieillard, ces infortunés ? — C'est Luce, s'écrie douloureusement le cassique, c'est son époux; ils ont voulu la mort. — Ciel ! s'écrie don Galettas en tombant aux genoux de Siripa, rends-moi les enfans de mon ami, ou je meurs à tes pieds. O ! peuple américain, si j'ai quelquefois mérité ta reconnoissance, donne-m'en la seule marque qui puisse toucher mon cœur ! Eteignez ces flammes, il en est temps encore ; rendez-moi les enfans de mon ami, que je viens chercher de plus de cinq cents l'eues. Les Indiens qui l'accompagnoient s'élancent au travers du feu qui commençoit à gagner de toutes parts. Ils jettent au loin les arbres enflammés, arrivent jusqu'au poteau où Luce et Hurtado existoient encore ; ils brisent leurs liens que la flamme n'avoit pas encore consumés. Les Timbuez, que la présence de Galettas avoit saisi de respect, n'osent s'opposer à ce transport, et bientôt le secondent. Siripa, qui espère que les jours de Luce seront épargnés, s'unit aux libérateurs de son amante, ou plutôt il leur en dispute l'honneur. Dans l'instant, on forme un brancart. Galettas donne une partie de ses habits pour les couvrir ; on y dépose Hurtado et sa compagne, qui, suffoqués par la fumée, sentent à peine qu'on les arrache au supplice ; on les porte dans la case du cassique, qui ne veut point confier à d'autres le soin de celle qu'il adore encore. Galettas, tremblant d'être arrivé trop tard, ne quitte point ce couple infortuné qu'on place sur la couche de ce sauvage ; on s'assure qu'ils n'ont aucune brûlure extérieure, et l'espoir renait dans le cœur de l'ami de Miranda et dans celui du cassique : déjà des eaux spiritueuses, que ce missionnaire portoit toujours sur lui, leur rend la faculté de respirer. Elisa, qui n'avoit pu calmer les cris de Salvador, et dont le désespoir étoit extrême, pense mourir de joie en revoyant sa maîtresse. — Voilà son fils, dit Siripa au missionnaire, j'avois juré d'en prendre soin et de le remettre en tes mains si tu venois le chercher, je n'aurois vécu que pour tenir ma promesse ; car rien ne pourroit me faire supporter la vie si Luce étoit morte.—Galettas étoit trop occupé du danger où il voyoit encore la fille de son ami et son époux, pour chercher à pénétrer le sens de ces paroles : il se rapproche du lit de ces infortunés, qui donnoient d'instans en instans des signes plus marqués d'existence : on avoit toutes les peines du monde à empêcher leur fils de s'approcher d'eux ; il les appeloit, et ce furent ses tendres accens qui se firent les premiers entendre à sa mère : elle ouvre les yeux, et les tourne sur cet enfant qu'elle adore. — Dieux ! mon fils.... Existai-je encore ? Hurtado, mon cher Hurtado, la mort ne nous a donc pas réunis.... Mais tu ne m'entends pas. Elle se soulève, et collant ses lèvres brûlantes sur celles de son bien-aimé, elle le rend à la vie : déjà Salvador étoit sur le lit et les caressoit de ses petites mains. — Oh ! comme tu brûles, leur disoit-il ; son père, qui n'a pu articuler encore aucun son, le serre contre son cœur, et bientôt la voix lui revenant avec la connoissance :—Qui nous a arrachés au supplice? Et appercevant un vieillard vénérable auprès de son lit, il ne doute point que ce ne soit Galettas. — Est-ce vous que nous attendions depuis si long-temps? — Oui, c'est moi, reprit ce saint missionnaire, qui, si j'étois arrivé un moment plus tard, n'auroit eu à recueillir que vos ossemens sous un monceau de cendres ; mais le ciel a permis que je vous revisse : puissent mes soins, vous rendant à la vie, vous mettre bientôt en état de rejoindre votre père, qui ne pourra, d'après les secrets que contiennent la cassette que l'infortuné Nudo de Lara m'avoit envoyée, douter un instant de votre innocence! — Ah! se peut-il, dit Luce, mon père me pardonnera-t-il? révoquera-t-il son terrible arrêt? non, je ne puis me flatter d'un si grand bonheur; mais je vous vois, homme respectable; mais mon enfant vous sera confié, mon père le recevra de vous : je rends grace au ciel de m'avoir conservé la vie assez de temps pour emporter cette certitude au tombeau. — Non, tu ne mourras pas, lui disoit Hurtado, je sens bien pour moi que je n'ai point été affecté d'une manière dangereuse par les flammes, la fumée seule m'avoit suffoquée; mais je suis sûr qu'avec de légères précautions, je serai bientôt en état de retourner en Europe. — Je le desire, répondoit Luce : ah ! puisse-tu vivre pour le bonheur de mon fils, pour la consolation de mon père ! pour moi, je sens un feu intérieur qui me dévore. Galettas, en effet, lui trouva une fièvre brûlante, et ne dissimula pas à Siripa qui s'informoit, avec une inquiétude extrême de ce qu'il pensoit de l'état de Luce, qu'il n'osoit répondre de ses jours. — Quoi ! lui disoit le sauvage, ne peux tu donc point prier ton Dieu qu'il la rende à la vie : elle est si jeune encore. — Mon Dieu, répondit le missionnaire, qui est le tien, celui de l'univers, ne compte pas les années par leur nombre, mais par les actions qui les ont remplies. S'il a jugé dans sa sagesse qu'elle est digne de jouir d'une gloire éternelle, il n'accorderoit pas à nos prières de prolonger son existence, puisque ce seroit retarder sa félicité. Je ressens comme toi la douleur de sa perte ; mais je me soumets aux décrets d'une providence bien plus sage que nous. — Quoi ! tu n'as donc pas d'espoir ? — Je crains : il est possible cependant que les soins et les remèdes que je vais employer nous la rendent, mais je ne m'en flatte pas.

—Eh bien ! si elle meurt, je mourrai aussi : tu ne sais pas combien je l'aime, tu ne sais pas que c'est moi qui l'ai condamnée à la mort; et alors il raconte à Galettas, et sa passion pour Luce, et la défense qu'il lui avoit faite, et la cruelle vigilance qu'Alcuna avoit mise pour la surprendre, et la manière barbare dont il l'avoit forcé à la livrer et son époux aux Timbuez. — Voilà, dit-il, l'histoire de mes malheureuses amours. Si Luce en est la victime, je le répète, je ne lui survivrai point. Avant de mourir je te remettrai son fils, les femmes qui étoient avec elles, et leurs enfans. Mais non, elle ne mourra pas, bon vieillard, guéris-la, je t'en conjure ; faut-il pour lui sauver la vie la moitié de mon sang, parle, ouvre mes veines, je le verrai couler avec plaisir ; oui, je le répandrois jusqu'à la dernière goutte pour Luce, la plus belle, la plus douce, la plus vertueuse des femmes. — Galettas étoit extrêmement touché de l'amour de ce sauvage ; et malgré que sa férocité fut cause de l'état cruel où il retrouvoit la fille de son ami, il ne pouvoit s'empêcher de le plaindre.

Hurtado s'abusoit sur la situation de sa femme ; et comme il ne se sentoit pas dangereusement attaqué, il se flattoit qu'elle n'auroit ainsi que lui rien à redouter des suites de leur supplice : pour Luce, elle jugeoit son état très-dangereux, elle n'osoit le dire dans la crainte d'affliger son époux ; cependant, elle profita d'un instant où il étoit endormi pour en parler à Galettas. — Je sais, lui dit-elle, que si aucune brûlure extérieure ne fait craindre pour mes jours, je n'en ai pas moins respiré un air embrasé qui a desséché en moi les sources de la vie ; je n'ai peut-être que quelques instans à exister. Ah ! qui consolera mon Hurtado de ma mort ! Digne et vertueux ami, c'est à vous que je le recommande : dites-lui qu'il faut qu'il vive pour mon fils , pour mon père qui retrouvera en lui plus qu'il ne perd en moi ; mais ce n'est pas le seul service que j'attends de votre amitié ; lorsque ces barbares m'avoient condamnée à la mort, j'étois privée des secours que notre religion offre dans ces redoutables momens. Vous êtes un ange consolateur dans ces tristes contrées , j'ose attendre de vous de me rendre participante des graces que votre ministère sacré procure aux adorateurs du vrai Dieu ; mais je voudrois que cette auguste cérémonie ne parût à Hurtado qu'un acte de piété , et non un signe de mort. Galettas dont l'ame étoit aussi sensible que son zèle étoit pur, approuvant cette pieuse précaution, et le soin d'en écarter pour Hurtado ce qu'elle a de sinistre, lui dit, lorsqu'il s'éveilla, qu'après avoir été sauvé d'une manière aussi miraculeuse il falloit offrir un sacrifice en actions de grace ; qu'il l'engageoit ainsi que Luce à y participer. Sébastien, qui avoit l'ame d'un chevalier et le cœur d'un chrétien, remercia don Galettas de cette faveur ; et se recueillant, ainsi que son épouse, ils se préparèrent à remplir dignement cette action sainte. On obtint avec peine que Siripa et les Timbuez sortissent de la case : quelques planches posées les unes sur les autres formèrent un autel que l'on couvrit avec un voile de Luce. Galettas avoit sur lui le pain et le vin. Hurtado soutenoit dans ses bras sa compagne pour lui donner une position plus commode, et répondoit aux prières que ce digne ministre offroit au Dieu de toutes bontés. Salvador presentoit les offrandes, et le prêtre se baissoit pour les recevoir de ses petites mains que l'enfant élevoit avec effort. Quelle piété, quel recueillement dans ce temple sauvage ! mais combien sur-tout l'ame de Luce s'élance avec confiance vers celui en qui seul elle espère ! avec quelle ardeur elle lui demande de conserver la vie de son époux, de le consoler, ainsi que son père ! quels vœux elle adresse pour son cher enfant dont l'imitative piété ajoute à ses graces naïves une expression touchante ! comme elle prononce du fond du cœur cette prière sublime qui fait du pardon des injures la certitude de l'obtenir à son tour de l'auteur de toute perfection ! Plus cette ame céleste est prête de briser ses enveloppes, plus elle est tendre

tendre pour ce qu'elle aime. Galettas les admet au festin sacré et les bénit. Luce semble déjà participer au bonheur qui lui est préparé ; et quoique les mystères soient finis, que même Siripa et les femmes indiennes soient rentrés dans la case, elle n'a point cessé de prier ; mais sentant que sa fin approche elle fait appeler son fils, elle le couvre des plus tendres baisers, le recommande encore à don Galettas, et le remet à Elisa à qui elle témoigne toute sa reconnoissance des services qu'elle a reçus d'elle et qui lui sont un sur garant qu'elle les continuera à son cher Salvador.

Hurtado attentif à ses moindres mouvemens, voit les lèvres de Luce se décolorer ; ses joues que la vivacité de la fièvre avoit couvertes d'un pourpre foncé, deviennent tout-à-coup pâles et livides ; ses yeux ne lancent plus que des rayons presqu'éteints.—Grand Dieu ! s'écria-t-il, Luce, ma Luce, qui peut tout-à-coup te causer un changement si extrême ? souffres-tu ? — Non, presque plus mon ami, dit-elle d'une voix affoiblie, et bientôt je ne souffrirai plus ; mais je meurs tranquille, mon père pardonnera à ma mémoire, il t'aimera, il aimera mon fils, je vous recommande tous deux à ce digne ami ; console-toi, mon Hurtado, nous nous reverrons. Sébastien au premier mot de sa compagne avoit senti sa langue glacée à son palais, son sang s'arrêter et rester sur son cœur ; il regarde avec effroi les progrès rapides que l'aîle affreuse de la mort trace sur cette figure si belle, si touchante ; il ne verse pas une larme, il ne pousse pas un seul gémissement. Luce prend sa main de ses mains déjà glacées, la pose sur son cœur : — Dieu! s'écrie

Hurtado, je sens à peine ses battemens. — Bientôt, mon ami, tu ne le sentiras plus. — Siripa aussi épouvanté qu'Hurtado ose à peine contempler sa victime qui fait un effort, et lui dit : — Je vous pardonne, et c'est ma religion qui m'en fait une loi : puissiez-vous un jour ensuivre les saintes maximes ? mais Siripa ne l'entend pas. — O mon Hurtado! dit-elle encore en articulant à peine, je meurs en t'aimant, tu seras ma dernière pensée : adieu, et son ame quitte pour jamais sa dépouille mortelle. — Hurtado qui n'avoit point ôté la main qu'elle avoit posée sur son cœur, n'y sentant plus aucun mouvement, ne veut pas croire encore au dernier dégré de ses maux ; il soulève contre son sein cet être qu'il adore, l'y serre avec une force surnaturelle, et cherche en vain à la ranimer. Mais tout-à-coup ses membres se roidissent, ses tristes étreintes deviennent convulsives, ses dents s'entrechoquent avec un bruit effrayant, sa vue est égarée : en vain veut-on le séparer de l'objet de ses terribles souffrances ; il est impossible d'y parvenir ; il expire dans ses bras sans autre cause que sa douleur. Salvador les appelle à grands cris, mais ils ne l'entendront plus. Elisa auroit succombé à cet affreux malheur, si elle avoit pu se résoudre à abandonner l'enfant de ses maîtres, dont elle tâche d'appaiser les cris auxquels ses sanglots répondent. Galettas pleure à la fois deux époux si fidels ; et se mettant à genoux près de ce lit funèbre, il invoque pour eux le Dieu de toutes miséricordes ; mais il est bientôt distrait de ses ferventes prières par une scène qui ajoute encore à sa douleur.

Siripa, qui jusqu'au moment qui

a terminé le sort de Luce et d'Hurtado, avoit toujours espéré contre toute apparence, voyant enfin que la mort lui a ravi l'unique objet de toutes ses affections, s'approche vers ce couple dont il a causé le trépas, il ose coler sa bouche sur la main froide et livide de Luce. — Femme adorée, s'écrie-t-il avec l'accent du désespoir, celui qui t'aima assez pour mourir de la douleur de ta mort, méritoit bien que tu t'exposasses à ma fureur pour le rendre heureux ; mais moi, à qui les Dieux n'accordent point cette faveur, crois-tu que j'aie l'indignité de te survivre ? Non. Siripa n'a connu l'existence que du jour où il t'as vu, il doit la perdre, dès que tu as cessé d'embellir la terre ; et posant contre sa poitrine la pointe de son dard, il tombe baigné dans son sang. Son mouvement avoit été si prompt que Galettas ni les femmes qui entouroient le lit ne purent le prévenir.

Les Timbuez, qui aimoient leur chef, et qui, abusés par le farouche Alcuna, avoient servi ses fureurs contre Luce et Hurtado, coururent désespérés à la case de ce barbare, qui, voyant qu'on avoit arraché les Espagnols au supplice, étoit le seul de la peuplade qui, ne pouvant s'y opposer, n'avoit pas partagé la joie de ce peuple qui avoit passé tout-à-coup de la fureur à la pitié, s'étoit renfermé chez lui pour au moins n'être pas témoin de leur triomphe. Les Timbuez enfoncent la porte, se jettent sur lui, l'arrachent de sa retraite; et le traînant près du corps palpitant du cassique, l'immolent à ses mânes. Galettas, qui ne voit autour de lui que des scènes d'horreur, déplore le sort des humains qui, civilisés ou sauvages, baignent leurs mains dans le sang de leurs semblables, tandis que le tigre respecte dans le tigre son espèce. Il se hâte de quitter ces tristes contrées. Il fait placer dans un même cercueil les corps de Luce et d'Hurtado, qu'aucune puissance humaine n'auroit pu séparer ; puis, emmène avec lui le fils de ces infortunés, qui, si jeune encore, verse des larmes sur le sort de ses parens. Elisa, les femmes espagnoles, leurs enfans, précédés des Indiens qui l'avoient amenée dans ce lieu funeste, portent sur leurs épaules les restes de ces amans infortunés. Il part, suivi de cent Timbuez, qui se sont chargés de lui, de Salvador, et de ses compatriotes. Tous suivent, en silence, cette route que Galettas et Elisa baignent de pleurs. Ils arrivent à Riotercero, où ils trouvent pour abri la maison du gouverneur, que Luce et Hurtado avoient habitée. Ils y passent la nuit; et le lendemain le cortège reprend, dans le même ordre, le chemin qui conduit au rivage de la mer où Galettas avoit laissé le vaisseau qui l'y avoit amené. Les sauvages y déposent le cercueil; et après avoir témoigné à Galettas leur respect et leur douleur, ils retournent à terre. Le capitaine du vaisseau, qui avoit connu Hurtado, n'apprend qu'avec la plus grande sensibilité sa mort et celle de son épouse. On lève l'ancre; les vents sont favorables : on parvient aux Bermudes en peu de jours. Galettas, qui savoit combien les enfans de son ami avoient été heureux dans ces îles, demande d'y relâcher. Le missionnaire, le commandant du vaisseau, Salvador, Elisa, les deux femmes espagnoles et leurs enfans s'y rendirent dans la chaloupe.

loupe. Lorsque le fils de Luce reconnut ces lieux, berceau de son enfance, il pleura en disant : — Ah ! si papa et maman n'étoient jamais sortis d'ici, ils vivroient encore !

Galettas lut l'inscription qu'Hurtado avoit gravée sur le rocher, avant d'avoir quitté ce doux asyle. Il y ajouta celle-ci :

INSCRIPTION DE GALETTAS,

En mémoire de Sébastien Hurtado et de sa compagne, gravée sur le même rocher de l'île de la Lucia, où Hurtado avoit tracé la première.

Le 8 août 1531.

O mon cher Hurtado, quand ta main généreuse
Voulut tracer ces vers où se peignit ton cœur,
Tu quittois à regret cette retraite heureuse,
Où Luce et ton enfant avoient fait ton bonheur.

La beauté de ces lieux, l'amour et la na-
ture,
Calmoient les noirs chagrins de vos cœurs
abattus ;
Le temps cicatrisoit leur profonde blessure,
Vous goûtiez le repos que donnent les
vertus.
Mais le courroux du ciel, appelé par un
père,
Vous force de quitter ces bois hospitaliers,
Vous conduit malgré vous au but de la
carrière,
En offrant à vos yeux un espoir men-
songer.
Vous qui portez vos pas dans cette île
sauvage,
De Luce et d'Hurtado plaignez le triste
sort ;
Mais plaignez encore plus l'aveugle et
sombre rage
De leur père abusé qui les livre à la mort.

Puis, donnant encore des larmes à ce couple infortuné, il voulut remonter dans la chaloupe. Les deux Espagnoles, qui avoient perdu leurs maris dans le sac de Rioterçero, et qui ne possédoient plus rien, demandèrent à rester à la Lucia avec leurs enfans. On les mit en possession des cases qu'Hurtado avoit fait construire. On leur ouvrit le magasin. Elisa rassembla les chèvres qui la reconnurent ; elles se rapprochèrent de l'habitation ; et avec ce troupeau, qui étoit déjà nombreux, on étoit assuré que cette colonie naissante ne manqueroit pas de vivres. Elisa leur montra aussi les cotonniers, leur donna des instructions pour en faire les étoffes dont elles auroient besoin, le maïs et le moulin qui étoit encore en bon état. Le capitaine leur promit, dès qu'il seroit à bord, de leur envoyer quelques vivres et des graines ; que, toutes les fois qu'il viendroit dans ces parages, il enverroit savoir si elles ne manquoient de rien.

Salvador ne pouvoit se résoudre

non plus à quitter la Lucia. Il vouloit qu'on y apportât les corps de son père et de sa mère, et rester, disoit-il, toujours auprès d'eux. Il fallut lui faire violence pour l'arracher de cette île qui lui rappeloit les jours heureux de sa foible enfance. De retour au vaisseau, Galattas s'occupa de calmer les chagrins de cet aimable enfant, en lui promettant qu'il trouveroit, dans Miranda, un père aussi tendre que celui qu'il avoit perdu ; et Salvador disoit toujours : — Eh ! qui me rendra maman ? La traversée fut heureuse ; et ils abordèrent à Cadix, le 7 octobre 1581.

Fernandès n'y étoit arrivé que depuis un mois, parce qu'en sortant de la rivière de la Plata, il avoit doublé le Cap de Horne, voulant prendre le chemin des grandes Indes, par la mer du Sud, que le vaisseau la *Victoire* avoit déjà suivi. Mais, moins habile que celui qui avoit découvert cette route tant desirée, et mal secondé par son pilote, ils se trouvèrent perdus, en quelque sorte, dans cet espace immense, furent forcés de se rapprocher des côtes, et arrivèrent sur celles de la Nouvelle Espagne, où il relâcha. Son bâtiment, déjà fatigué de son premier voyage, étoit en si mauvais ordre, que l'équipage déclara qu'il ne vouloit plus tenir la mer. Il fut obligé de céder à leurs instances, de vendre son navire à des habitans de Panama ; et traversant l'isthme, il s'embarqua à Porto-Bello, comme simple passager, sur un vaisseau qui faisoit route pour l'Espagne. Dès qu'il y fut arrivé, il apprit par Muschera les ravages que les Timbuez avoient exercés à Riotercero, la fin malheureuse de Lara, et que l'on croyoit Hurtado et sa compagne morts ou captifs de cette nation féroce. Fernandès regretta bien sincèrement des amis qui lui étoient chers, et ne s'occupa qu'avec plus d'empressement à remplir les intentions de Nudo, en remettant au prieur des Augustins de Cordoue, la lettre dont il l'avoit chargé pour lui. Ayant donc terminé les affaires qu'il avoit à Cadix, il se rendit à Cordoue où son premier soin fut de voir ce religieux, qui fut sensiblement affligé d'apprendre la mort de Lara qui lui donnoit les plus vives inquiétudes sur le dépôt qu'il lui avoit envoyé. Il assura Fernandès qu'il remettroit la lettre du malheureux gouverneur au marquis de Miranda, et lui fit toutes les offres de service. Fernandès, fatigué de ses voyages et du peu de succès qu'ils avoient eus, se décida à rester dans la maison des Augustins, où il prit l'habit.

Le prieur se rendit sur-le-champ au palais de Miranda, et demanda à lui parler. Mais depuis quelques semaines, ce père infortuné languissoit accablé d'une maladie dont ses violens chagrins étoient cause. La marquise, toujours tremblante que quelques évènemens imprévus ne dévoilassent ses forfaits, ne laissoit personne arriver jusqu'à lui. En vain, le prieur fit valoir son caractère qui, sur-tout dans ces temps en Espagne, étoit un droit pour être admis dans toutes les circonstances. Il ne put obtenir de le voir; et se doutant bien, par la manière dont Lara lui recommandoit expressément, dans sa lettre, de ne remettre celle adressée à don Miranda qu'à lui-même, qu'elle pouvoit avoir quelques rapports avec la mort de Michaellos, il n'en parla point, et se résolut à attendre que la santé de Miranda lui permit de le voir pour remplir les volontés de Nudo.

Galettas, dès qu'il fut à Cadix, fit déposer dans l'église des Récollets, les corps de Luce et d'Hurtado; et ne voulant pas exposer le dépôt précieux qui lui étoit confié, aux embûches de la marquise, il chargea un de ses amis, riche négociant de cette ville, de l'enfant, et d'Elisa qui lui rendoit les soins les plus tendres, et à qui il recommanda de ne point donner d'autre nom à l'enfant d'Hurtado, que celui de Salvador; puis, prenant la route de Cordoue, il se rendit dans sa maison des Augustins. Le prieur, en le voyant, croyoit que c'étoit un songe qui l'abusoit, n'ayant eu de lui aucune nouvelle depuis si long-temps : il lui demanda s'il avoit cette cassette, qui sûrement contenoit un secret important. — Hélas! oui, dit-il, et ce n'est pas à moi qu'elle devoit être adressée. — A qui donc? — A Don Miranda; et si Michaellos n'avoit pas été troublé par l'effet du poison, et que mon ami l'eût reçu dans le temps, les malheurs, dont j'apporte les tristes détails, ne seroient pas arrivés. Et il lui raconta la fin douloureuse des enfans du marquis; ils lurent aussi tout ce que contenoit ce dépôt; le bon prieur frémit d'horreur en voyant ce tissu de trahison et de crimes. Fernandès vint dans l'instant qu'ils déploroient le sort de ces fidèles époux, mêla ses larmes aux leurs, de ce moment il s'attacha à Galettas, qui, connoissant ses talens et ses vertus, le destina à élever son fils adoptif, son cher Salvador.

On convint que l'on garderoit le secret sur le retour de Galettas, jusqu'à ce qu'il pût se procurer une entrevue avec Miranda, car il y avoit tout à redouter de sa criminelle épouse, tant qu'elle ne seroit pas démasquée. Rien n'étoit plus difficile que de pénétrer auprès du marquis. Le prieur y étoit retourné plusieurs fois sans avoir de succès ; il étoit cependant de la dernière importance qu'il reconnût, avant de mourir, l'enfant de Luce pour son petit-fils ; qu'il déclarât que sa fille n'étoit pas morte avant l'époque de la naissance de Salvador. Le ciel qui veilloit sur le sort de cette innocente créature, que l'anathème de son aïeul n'avoit pas frappée, inspira à ce dernier, à qui les approches de la mort avoient rendu ses premières inquiétudes sur sa conduite envers sa fille, de chercher, à quelque prix que ce fût, à se procurer des lumières sur son sort : retours tardifs, qui n'apporteront à ce père que les regrets d'avoir méconnu le cœur de la plus tendre des filles.

Miranda avoit su par un vieux valet, le seul que la marquise n'avoit jamais pu faire chasser, que le prieur des Augustins s'étoit présenté plusieurs fois chez lui pendant sa maladie, et que suivant les ordres de Dona on n'avoit pas voulu le faire entrer. Il forme aussitôt le projet, dès que ses forces le lui permettroient, de se rendre au couvent ; mais il ne veut pas que la marquise l'y accompagne : dès long-temps il étoit obscédé de ses soins, et depuis qu'elle avoit perdu le prestige des graces, elle n'avoit plus sur son époux que l'empire de l'habitude : il remarquoit de l'affectation dans ses manières ; il ne pouvoit même jouir avec elle des charmes de la conversation. Cette femme avoit tellement l'esprit préocupé de l'effroi que ses crimes lui inspiroient, qu'elle paroissoit toujours distraite et pensive : quelquefois il l'attribuoit à la douleur que lui avoit causée la mort de ses fils. Cependant il ne lui trouvoit pas ce caractère touchant de la nature, elle lui paroissoit plutôt irritée que triste ; enfin, sa société lui devenoit chaque jour plus insuportable, et cependant, il n'avoit point le courage d'en chercher d'autres. Quelle seroit celle qui auroit pu l'intéresser ! Gloire, fortune, ambition, plaisir d'être aimé, tout avoit été enseveli dans la tombe où il avoit fait placer l'effigie de sa fille. Il n'y auroit eu qu'elle qui pût le rendre à l'existence s'il pouvoit la retrouver innocente. Il faut qu'il voie ce religieux, il faut qu'il le voie seul.

Dès qu'il peut se soutenir il descend dans le parc, avant le réveil de la marquise, se fait suivre de ce seul domestique dont nous avons parlé ; il lui avoit donné l'ordre de faire trouver des chevaux à la petite porte du parc : il se rend au couvent, demande le prieur, on l'introduit. Qu'elle est sa surprise et sa joie en trouvant avec lui son ami Galettas ! mais de quelle source de larmes ce dernier moment de plaisir sera suivi. — C'est toi ! s'écria-t-il, ami de mes jeunes années, le seul qui me soit resté. Je ne suis donc pas entièrement abandonné du ciel qui te rend à mes vœux. — Souvent, mon ami, reprend Galettas avec un profond soupir, il exauce dans sa colère ceux que notre imprudence lui adresse ; mais je te revois, et j'espère que mon amitié ne te sera pas inutile, malgré les tristes devoirs qu'elle m'impose envers toi. Miranda pâlit à ces mots, il n'ose interroger son ami ; il le serre dans ses bras, et attend en silence qu'il les lui explique ; enfin, ne pouvant résister à sa douloureuse inquiétude, il demande à Galettas s'il y a long-temps qu'il a quitté Mexico. — Depuis six mois. — Tu n'es donc pas venu directement à Cadix ? — J'ai été à Riotercero. — Tu as donc vu Nudo de Lara ? — Non, il n'existoit plus. — Quel évènement a terminé sa vie au milieu de sa carrière ? — Le plus terrible de tous ; les Timbuez ont détruit la colonie, il n'en est resté qu'un monceau de cendres. — Quoi ! tous ceux qui étoient avec lui ont péris ? — Il ne s'est sauvé que quatre femmes et quatre enfans ; mais comment n'as-tu pas été instruit de cette terrible catastrophe au retour de Muschera ? — Depuis plus de quatre ans, mon ami, je ne m'informe plus de ce qui se passe sur la terre ; et voilà la première fois, depuis ce siècle de douleurs, que je suis sorti de mon palais, encore n'est-ce pas par la porte qui donne dans les rues de Cordoue, je n'aurois pu en franchir le seuil : oh ! non, je ne l'aurois pu. — Je sens comme toi, mon ami, qu'il doit te rappeler le moment le plus terrible de ta vie. — Serois-tu instruit de mes malheurs ? — Hélas ! plût au ciel qu'en les sachant je n'eusse pas à ajouter de nouvelles douleurs à celles qui t'accablent. — Ah ! peut-il y en avoir de plus terribles et qui pourroient accroître mes tourmens ! — L'affreuse conviction d'avoir, à l'instigation d'un monstre, condamné deux innocens en les dévouant à la justice céleste, qui n'a que trop servi ton aveugle courroux. — Ah ! cher Galettas, n'accable pas ton malheureux ami ; prends pitié du cœur d'un père qui a cru sa fille coupable : oh ! laisse moi cette funeste erreur, si je ne puis plus réparer les maux qu'elle a causés. Je ne puis ni ne dois te tromper ; lis ces papiers, qui, depuis l'instant de la mort de Michaellos, auroient dû t'être remis ; lis ce mémoire que la malheureuse Luce devoit te donner au moment où, transporté de fureur, tu l'as chassée de chez toi ; lis cette lettre que Lara t'écrivoit, et que le prieur, depuis un mois, cherche à te remettre : pleure des larmes de sang d'avoir été uni à la furie infernale qui seule a causé ton crime et tes malheurs ; mais que ta confiance en la source de toute justice et de miséricorde, renaisse en apprenant que ta fille a prié le ciel pour toi jusqu'au dernier moment de sa vie, qui a été celui du trépas d'Hurtado ; qu'elle m'a chargé de te porter les témoignages de sa tendresse

tendresse et de son repect, que son époux partageoit, et de te remettre son fils. — Luce est morte ; elle étoit innocente, et je vis ! — Tu le dois : abandonnerois-tu l'enfant de ta fille, sans fortune, sans état ? ta mort est le dernier malheur qui seroit réservé à cette innocente créature. — Ma fille est morte, et elle étoit innocente ! — Ne m'en crois pas, et parcours ces témoignages irrécusables. Ah ! que n'as-tu pu voir comme moi cet ange de vertu s'unir au sacrifice redoutable de nos autels, prier pour toi, pour sa farouche ennemie; si tu avois vu le calme de son ame dans ses derniers momens, tu n'aurois pas besoin de lire ce tissu de forfaits pour savoir que le cœur de Luce ne pouvoit en enfanter, et que celui d'Hurtado, tout aussi tendre que le sien, n'en étoit pas plus capable.

Miranda prend ces papiers ; et

dès qu'il voit que la lettre de Galettas est supposée ; que c'étoit la marquise qui l'avoit fait écrire ; que Michaellos avoit été empoisonné par Théresia, il n'en veut pas savoir davantage. Il se fait accompagner à son palais par son ami et le prieur ; et entrant dans la chambre de dona Miranda, au moment où elle étoit loin d'imaginer qu'il fût sorti de chez lui, il lui adresse ces mots : — Monstre que l'enfer a vomi sur la terre, réponds-moi : Qui t'as porté à me percer le sein, en accusant ma malheureuse fille ? Que pouvois-tu prétendre en me privant du seul bien que je prisois ? Démens ce digne ministre de Dieu ; ose lui soutenir que c'est lui qui avoit écrit cette lettre qui a fait tous les maux de mon incomparable fille et mes crimes envers elle. — Dieu ! c'est Galettas, dit la marquise en

se couvrant le visage de ses mains,
— Oui, c'est lui, malheureuse.
Tu n'as pas pu prévenir, par le
fer ou le poison, l'explication qu'il
vient d'avoir avec moi, comme
tu as étouffé les remords du malheureux Michaellos; mais tremble.
J'ai pu livrer ma fille innocente
au courroux céleste qui m'a exaucé pour me punir, et pour avancer
le moment de couronner ses mérites par une gloire impérissable.
Mais toi, c'est au tribunal des
juges de la terre que je vais te
livrer. Je ne redoute pas la tache
que ton supplice imprimera sur
mon front. J'ai mérité cette ignominie en écoutant tes insidieuses
calomnies. — Tu crois donc, interrompit dona Miranda, que je n'ai
pas, depuis long-temps, prévu
que mes complots seroient découverts et que je n'ai pas songé
aux moyens d'échapper à l'écha-

faud!.... — Il n'en est point.....
— Tu n'y traîneras que mon cadavre....... Et déjà un poignard, qu'elle tenoit caché dans sa ceinture, avoit percé son sein. — Je meurs, j'échappe aux remords, et je te laisse en proie aux tiens.... Et son ame atroce s'échappe, en prononçant ces mots. A l'instant, ses femmes effrayées, qui avoient été témoins de cette scène d'horreur, apprennent à tout le palais cette terrible nouvelle, qui vole de bouche en bouche. Galettas entraîne son ami hors de cette chambre que le sang de dona Miranda inonde. Il le ramène dans son appartement, tandis que le prieur cherche si quelque reste de vie ne donneroit pas encore à la religion le temps de ne pas la laisser périr éternellement; mais le coup qu'elle s'étoit porté avoit été aussi sûr que prompt, et il

ne restoit aucun recours à la miséricorde céleste.

Galettas, après avoir laissé passer à son ami les premiers transports de sa douleur pour la perte de sa fille, et calmé son effroi de la mort de la marquise, lui parle de Salvador. — Ah! qu'il vienne. Comment, mon ami, ne l'avez-vous pas déjà remis dans mes bras? — Galettas lui expliqua les raisons qui l'avoient décidé à le laisser à Cadix. — Elles ne subsistent plus ; sa cruelle marâtre s'est fait justice. Qu'on parte à l'instant ; qu'on me l'amène ; que je meure en voyant le fils de ma Luce, ma pauvre Luce ; et le vieux serviteur réclame l'honneur d'aller chercher l'unique héritier de la maison Miranda.

L'inquisition est instruite de la mort tragique de dona Miranda. Le suicide étoit un crime dont l'église se réservoit la punition; elle envoie la sainte hermandade s'emparer du corps de la marquise. Don Calettas obtint que l'on ne suivît pas la procédure; mais il ne put gagner qu'elle fût ensevelie dans le tombeau des Miranda. On l'enleva la nuit; et elle fut enterrée dans un champ, hors des murs de Cordoue, sans prières et sans honneurs.

Don Miranda attendoit, avec la plus vive impatience, l'arrivée de Salvador; et déjà le troisième jour depuis la mort de la marquise alloit finir, quand on vint l'avertir que Thérésia venoit d'être arrêtée et conduite dans les prisons du saint-office. — Thérésia ! s'écria-t-il; et où l'a-t-on trouvée ! — Quelques familles, dit l'écuyer de Miranda, se promenant hors des remparts de la ville, apperçoivent, à une des fenêtres d'un pavillon qui tient au parapet, une femme qu'ils croyent reconnoître, et qui descendoit avec ses draps. Ils s'approchent et voyent en effet que c'est Théresia, qu'ils cherchoient depuis la mort de Michaellos. Ils l'interrogent; elle convient que c'est elle; qu'elle voit bien qu'elle n'échappera pas aux horreurs du bûcher; mais que réduite à mourir de faim dans ce pavillon où dona Miranda, qui l'y avoit enfermée à l'instant de la mort de Michaellos, ne lui avoit pas apporté à manger depuis trois jours, qu'elle s'étoit décidée à sortir par les fenêtres, aimant mieux souffrir les tourmens des flammes que ceux de la faim. Elle a ajouté qu'il y avoit une communication intérieure du pavillon par un souterrain, dans cette maison voisine du palais qui, depuis si long-temps, étoit abandonnée, où il y avoit une porte secrette, qui entroit d'une des chambres dans l'appartement de dona Miranda. Le saint-office, ajouta l'écuyer, demande à vérifier ce fait, qui sert de preuves à la cause de la mort de Michaellos. Le marquis ordonna qu'on ouvrît les portes des appartemens ; et tout se trouva conforme à la déclaration de la duègne. Son procès ne dura que quelques jours. Elle fit tous les détails de l'intrigue qui avoit préparé la perte de Luce, et que nous avons rapporté ; elle avoua que c'étoit elle qui avoit empoisonné Michaellos. Il étoit prêtre ; et ce crime ne pouvoit obtenir de grace à un tribunal ecclésiastique. Mais ce jugement, quoiqu'il ne parlât pas de ses autres forfaits, servit à les expier ; et lorsqu'elle fut sur le bûcher, elle dut se rappeler que c'étoit elle qui y avoit conduite la fille de son maître.

Don Miranda jouissoit de la dernière

nière faveur que Dieu lui avoit laissée, celle de voir son petit fils ; et cet aimable enfant le combloit de caresse, mais il déchiroit son cœur en lui parlant sans cesse de sa mère ; il le fit reconnoître, pour son unique et légitime héritier des titres et du nom de Miranda, qui lui furent confirmés par Ferdinand ; il fit supprimer l'acte qui constatoit la mort de Luce Miranda, au moment où elle avoit quitté l'Espagne, ratifia celui de son mariage avec Sébastien Hurtado que le chapelain des Ursulines qui n'avoit trempé en rien dans cet affreux complot avoit soigneusement conservé.

Quand Galettas vit que son ami étoit en état de soutenir la vue du cercueil qui renfermoit ces tendres époux, il lui dit qu'il l'avoit rapporté et qu'il étoit en dépôt à Cadix : ce fut pour lui une consolation. Au moins, dit-il, je reposerai auprès d'eux ; et ayant fait construire un superbe mausolé, lorsqu'il fut achevé, il fit partir un char funèbre pour transporter ces restes précieux : arrivés à Cordoue il voulut qu'ils fussent exposés vingt-quatre heures dans sa chapelle, et qu'au moins sa fille rentrât dans ce palais dont elle auroit dû faire la gloire et l'ornement. Salvador au moment où le char étoit entré dans les cours, voyant descendre le cercueil, le reconnoît et s'écrie : c'est-là que sont papa et maman ; là ils seront toujours, et je ne les vois plus ; et dès qu'on eût déposé le cercueil dans la chapelle, Miranda se précipita sur ces froides reliques ; et croyant encore sentir palpiter ce cœur qui l'avoit si tendrement aimé, il ressentit une douleur qu'on ne peut exprimer ; il passa la nuit auprès de ces corps inanimés, en prière avec don Galettas ; et lorsque le lendemain la pompe funèbre vint les chercher pour les conduire à la sépulture de leurs ancêtres, le marquis ne put supporter cette séparation, que les cris de Salvador et les larmes d'Elisa rendoient encore plus touchante. Galettas offrit à son ami toutes les consolations de la religion. Elles pouvoient régler les mouvemens extérieurs de sa douleur, mais non en détruire les effets qui anéantirent enfin ses forces épuisées par de si terribles secousses. Galettas ne le quitta pas un instant, et peu de mois après il reçut son dernier soupir. Don Miranda le nomma tuteur de son petit fils. Ce digne vieillard qui, secondé de Fernandès d'Alcuna qu'il lui donna pour précepteur comme il en avoit conçu le projet, éleva le fils d'Hurtado dans les sentimens dignes du haut rang où sa fortune l'appeloit. Cet aimable jeune homme répondit à leurs soins et montra toutes les vertus comme il avoit toutes les graces : il se faisoit aimer et chérir de tous ceux qui le voyoient. Uni à une femme charmante qui lui rappeloit sa mère dont il conservoit le plus précieux souvenir quoiqu'il fut si jeune quand il l'avoit perdu, il fut aussi tendre époux que son père. Comme lui, il servit l'état et fut le soutien des opprimés : tout ce qui l'approchoit étoit heureux. Pour lui, il conservoit l'empreinte de la tristesse que les scènes sanglantes qui avoient entouré son berceau avoient laissée dans son ame. Il eut des enfans qui marchèrent sur ses traces, entr'autres une fille qu'il nomma Luce et à qui il promit de n'avoir pas à redouter les malheurs de celle dont elle portoit le nom. Il chérissoit Elisa que la mort de son père et celle de ses maîtres avoient condamnée à des larmes éternelles : ne voulant jamais se marier, elle consacra ses soins aux enfans de celui à qui elle avoit tenu lieu de mère. Mais rien n'égaloit l'attachement et le respect que Salvador Miranda conserva pour don Galettas qui parvint à la plus extrême vieillesse sans rien perdre de l'énergie de son ame : ils ne se voyoient jamais sans parler de Luce et d'Hurtado, et sans déplorer les maux que la terrible malédiction de leur père avoit attirés sur leurs têtes innocentes.

F I N.

www.ingramcontent.com/pod-product-compliance
Lightning Source LLC
Chambersburg PA
CBHW051903160426
43198CB00012B/1730